歳を重ねるだけでは人は老いない

川田善朗
Yoshiro Kawada

SEIKO SHOBO

はじめに

ひとには他人に言えないことがたくさんある。ましてや、文章にしたら、自らが困ってしまうことさえある。

それでも私がなぜ、この本を書いたのか。まず、そのことを初めに述べておきたい。

二〇〇一年四月、私が長年、寝食を賭《と》して応援してきた二人が散った。一人は慶應義塾・鳥居泰彦塾長候補、一人は元総理・橋本龍太郎自民党総裁候補である。

私はこの十数年、我が身を三つに等分し、一を社業に、一を母校慶應義塾に、そして残りの一を橋本龍太郎に捧げてきた。我と我が身の毎日を、ただこの三つに注いだのである。

だが、そのひとりが塾長三選に敗れ、ひとりは総裁選で小泉純一郎に敗れた。そして社業も早晩、後進に道を譲る日が近づいている。

立ち止まって昨日を見つめてみる。自信をもって語れる何かが、この私にあるのかと。

その自問に答えるのが本書である。

だれでも自らの生は、万巻の大河小説であろう。世の中には私よりも読者の感興をそそる数奇な人生を歩んだ方も多くおられよう。

それでも私がいま、この本を書くのは、私のような者の人生でも、きっと読者諸兄姉の明日に些《いささ》かなりとものの糧《かて》をあたえ得るものと思うからである。

人生のある地点に来た男として、たったひとつの真理だけを掲げておく。

「歳を重ねるだけでは、人は老いない」

この真理を本書がどれだけ具現できているか。その評価は読んでいただいた方それぞれに委ねるしかない。私にとって本書は、現時点における「遺書」とでも呼ぶべきものなのだから。

二〇〇一年秋

川田善朗

刊行によせて

川田善朗は不思議な男

橋本龍太郎（衆議院議員）

アメリカで発生した同時多発テロの混乱が続くなか、川田から「原稿書いたから見てくれ」と言ってきました。

タイのタクシン首相との会談のため、バンコクに出発する直前でバタバタしていたこともあり、帰国後にしてくれと言いましたが、彼は「わかったわかった、全て了解」と言いながら、結局事務所に原稿を持ち込んできました。「往復の飛行機の中で読んでくれればよい」、我々の仕事にとって交通機関を利用している間の時間がどれだけ貴重なものか、彼はまったく判っていません。しかも、推薦文をいつまでに書けと平気で言います。その結果、これを書くことになりました。

普通なら相当腹の立つ話ですが、ブウブウ言いながらも何となく彼の言うとおりにさせてしまう、本当に不思議な男です。

彼は六十三歳の今日まで慶應義塾以外の学校に通ったことがありません。良くも悪くも慶應義塾の純粋培養の結果生まれた男、その意味では大学から慶應に学んだ私とはまったく違い、いわば慶應義塾のサラブレッドです。

今、彼の生活の中には慶應義塾関連の仕事と会社のこと、そして橋本龍太郎のご指南番としての役割がそれぞれ三分の一を占めているでしょう。

よくそれで会社が動いている、あるいは川田が口を出さないから会社が上手《うま》くいってるんだなど噂する向きもありますが、私は間違ってもそんなことは言いません、いや言えません、なぜなら彼は塾員だけで作ってくれている私の後援会「慶龍会」の会長ですから。

読んでみると相当オーバーなところもありますが、よくこんなこと覚えていたなと感心させられます。忘れてくれていたほうがよいことも沢山ありました。現に最初に川田と話したのはいつだったか、私には記憶がありません。

しかし山登りの好きな私にとって「体育会山岳部、川田善朗」という名前は、いつの間にかずっしりと重く、大切なものとなっていました。この本の中にも彼の山岳部のチーフリーダーとして持ち続けた覚悟とそこから生まれた人生観が其処此処《そこここ》に姿を見せています。正直彼がここまであけすけに自らくぐり抜けてきた過去の山登りを語るのを聞くのは初めてでした。

私も遭難した友人を自分の手で捜索し、遺体を収容し、荼毘《だび》に付し、ご遺族を慰めながら思わず悔し涙を流したこともあります。読んでいて自分に置き換え、思わず「川チン、よく持ちこたえたな」と何回か言葉を掛けたい思いでした。

やかまし屋でおっかない、しかし本当に面倒見の良い、「慶應」と聞いただけで人格が変わっちゃう「川田善朗」、しかし私にとって得難い友、君はやっぱり不思議な男です。

歳を重ねるだけでは人は老いない　目次

装幀　田中望

歳を重ねるだけでは人は老いない

序章　二〇〇一年四月二十四日

「橋本龍太郎大兄」へのファクス

東京・水道橋。JRの線路を挟んで、東京ドームと反対側に位置する通りから入った一角。あまり目立たないビルの二階に、私の仕事場がある。

辺りは、古くからの、いわば地場産業とでもいうべき印刷所や出版関係の会社などが、ひしめきあっている。

仕事場と書いたが、正確にはトーホー加工株式会社の代表取締役会長兼社長室である。言葉を換えれば、中小企業の親父の部屋だ。二人の女性秘書が、受付をガードしたり、パソコンの画面に見入っている。その奥にある机で、私は筆ペンを走らせる。生憎《あいにく》、パソコンは好きではない。

「技術系の会社の主であるのに、パソコンを扱えないとは……」と怪訝というか、どこか侮蔑の色を見せる訪問者もいるが、放っておいて頂きたい。

eメールとかいう、味気ない伝達方法が嫌いなのだ。己の真意を伝えるには、肉筆に限る。しばらく宙を睨《にら》み、思いがまとまったら、一気呵成にしたためる。

宛先の欄に、「橋本龍太郎大兄」と書く。

四月二十四日。テレビでは、自民党総裁選挙の模様が実況された。

「小泉純一郎君二百九十六票、橋本龍太郎君百六十五票、麻生太郎君三十一票」

新総裁に選ばれた小泉純一郎君が席から立ちあがり、深々とお辞儀をする。一九四二年生まれ、わが母校、慶應義塾大学の五年後輩だ。「君」呼びは失礼か。後にも触れるが、慶應義塾では先輩を「さん」と呼び、後輩は「君」と呼ぶのが習わしなのだ。

敗れた橋本元総裁をカメラが捉える。淡々とした表情だ。

私は彼を「君」とも「さん」とも呼ばない。橋本龍太郎は、橋本龍太郎。大学時代の同級生である。彼は一九三七年七月二十九日生まれ、私が一九三八年二月二十五日生まれで七ヵ月ほどの差があるが、遅生まれと早生まれの関係で同じ学年となった。

気の置けない仲間と一緒のとき、私は彼を「龍太郎」と呼び、彼は私を「川チン」と呼ぶ。元総理大臣を取り巻く数多くの人間の中で、彼を「龍太郎」と呼び捨てにするのは私だけだ。「先生」なんて、恥ずかしくて声にもなりはしない。

ただし、永田町や霞が関周辺では「橋本総理」と呼ぶ。政治家や秘書たち、そして官僚の間では、今でも「総理＝橋本龍太郎」が通り相場になっているからだ。小泉首相は「アイドル」

「ライオン」「ベートーベン」と、源氏名（？）が幾つもあるが、総理とか首相という肩書は似つかわしくない。もちろん、これは、いい意味で言っているつもりだ。

二人のときは、何と呼び合うか。時に私は「龍！」と呼び捨てにする。頭にきているか、心が和んでいるかのどちらかの時だ。彼は「お前なあ」ということもある。やはり、ムカッときたか、酒を汲み交わしている時だ。

二十四日、午後二時三十分。私はしばらく思案したが、結局、電報のような文を走り書きし、ファクスした。

「御苦労様。一時、今回の芝居は終幕。と、同時に次の舞台にスタートを。助走はながーい方がいい。健康に留意し合おう」

ピーッという音が聞こえて送信完了。私はデスクに戻って、携帯電話を見つめる。呼び出し音と同時に、携帯を取り上げる。

「川チン、ごめん。こんな結果で」

「仕方ないさ。逆に良かったかも知れないぞ。本当に体には気をつけろ」

「分かった。今、周りがドタバタしているから、また後でな」

良かったというのはどういうことか。

総裁選で龍太郎が勝つ。だが、七月の参院選では自民党が負ける。九月に総裁選をやり直す。龍太郎は選挙の責任を取って辞任、総裁選にも出ない。とすれば「我にチャンスあり」。そんな筋書きを描いている輩《やから》がいたのである。そうなれば有象無象が跳梁跋扈《ちょうりょうばっこ》し、永田町はもちろんだが、日本そのものが立ち行かなくなる。

三時十七分、再び携帯が鳴った。

「どうした」

「うん。あっちの方だけど」

ほぼ時を同じくして、二人の母校慶應義塾は塾長選挙で揺れていた。私は、慶應の最高意志決定機関である評議員会に名を連ねているため、好むと好まざるとにかかわらず、交錯する情報の中にいた。龍太郎も、塾長ポストの行く先に関心を持っていた。ひとしきりその話に熱中し、すっかり総裁選挙の後始末のことを忘れてしまった。

その夜、私は龍太郎の自宅にファクスを打った。突然、午後の「政界芝居」を思い出し、悔しくて眠れなかったのだ。

自宅にファクスするには、注意を要する。かつて、朝っぱらからファクスをしたら、久美子夫人から、やんわりとしたご注意のファクスをいただいた。

「同じファクスが二度、今三度目が出てきました。川田さんの方の機械は大丈夫でしょうか」

慌てて業者を呼び、修理させた。

「今、あまりに腹が立ったので、起き出してFAXを書いていたが、突如睡魔の到来。詳しくは明日。K（衆議院議員）は党三役か大臣にしないと（小泉総裁の立場が危うい）。K（前記）と仲のいいK（犯罪人）とF（闇のフィクサー）が、小泉のこと（プライバシー）を全部しゃべっているから。N（政界の超大物）も同じ（で、しゃべっている）」

二人のKだのFだのNだのと、いささか分かりにくいだろうが、政界の表裏でしばしば名前が取り沙汰される人々の頭文字である。

小泉新総裁とは選挙で敵味方に分かれたが、龍太郎も私も悪感情は抱いていない。もし、求められれば、いろいろなことで力を貸したいと思っている。

私が腹を立てているのは、橋本陣営の今回の戦い方の指揮を執った連中に対してであった。

総裁選が終わった後、ある新聞に「権力への忠誠心薄い現代を読めず　小泉氏の勝利より橋本陣営の自滅」というタイトルの記事が載った。危機管理コンサルタントと称する人物の総裁選の分析である。

橋本元総理の楽勝ムードが一転、小泉氏の大逆転という結果となったのはなぜか。

「戦略上、致命的なミスは野中広務氏と青木幹雄氏の発言。野中氏は『橋本氏が総裁になったら、古賀幹事長の留任で行く』と語り、青木氏は『(党員による）予備選の結果と本選挙で選ばれる総裁が違っても問題ない』と語った」

「総裁候補でもない人が人事を語り、『党員や国民の意思などどうでもいい』という本心を見抜かれる結果となった」

「この発言があった瞬間に、橋本陣営の負けが決まった」

こんな当たり前のことを分析と称するのもどうかと思うが、それにしても、お粗末な人間が橋本派の中核にいたものである。その記事の下には「橋本派分裂へ」という観測記事が載っていた。

「橋本氏擁立に反対した（橋本派の）若手四人のうち、大村秀章氏は迷うことなく小泉氏に投票したことを明らかにした」

自民党の中からも、

「小泉氏の出方次第では、橋本派に主要ポストが来なくなり、派閥にいるメリットがなくなる。そして（橋本派が）四分五裂するという見方がでている。橋本氏は同派幹部会で『会長を降りたい』と辞意を漏らし、野中広務事務総長も総裁選敗北の責任を取って辞任を表明、会長代理の村岡兼造氏も秋田県知事選（子息が立候補）敗北の責任を取って役職を辞任」

「同派が雪崩《なだれ》を打って崩壊に向かっていることを表しているのだろうか」

私はこの新聞記事を添えて、二十五日朝ファクスを送った。

「こんな橋本派なら責任を一身に浴びて辞任したらいいじゃないか。ただし、大村を切り、野中、村岡が辞めた後でのことだが」

といった、過激な文面である。

若手の反乱といえば恰好がよいが、もとより彼らは大樹の陰に寄ってきただけである。

その大樹にどれほどの世話になったのか。この時代に恩も義理もないのだろうが、今現在、龍太郎は「平成研」（橋本派の正式名称）の会長であるし、反旗を翻《ひるがえ》して小泉候補に投票した九人の議員も派にとどまり、首をすくめている。

若気のいたりと言えばまったくその通りの連中だが、威勢のよい言葉で発足した小泉内閣が、掛け声ばかりで実際には何も動かないことに気付き、再び大樹の陰に身を置こうというのだ。

龍太郎は、

「彼らが平成研にいても、外に出ても、どちらでもいいんじゃないの。ただ、俺がいつも言っているように、平成研の会長は絶対に辞めない。それは自民党から一人の脱落者も出さないためだ。俺が耐えていれば、そんなことは起こらない」

と言う。

そもそも、彼の頭の中にはいわゆる派閥の長の意識というのがあまりない。

「数は力なり」「金は数なり」という路線を踏襲してきた田中、竹下、小渕派に属してはいたが、自身は「政治家は政策立案能力と実行力」という信念を貫き、孤高の姿勢を取ることが多かったのである。

現在、会長に留まっているのも、派内の力学上、祭り上げられているという立場を承知の上のことである。その上で、自民党をどうすればいいかと考える。他の政党が政権を担当できるのか、担当させてよいのか。一方、青木氏でも野中氏でも、派閥のポストと金が欲しければ「いつでもどうぞ」という姿勢も見せる。

ところが、誰も龍太郎に取って代わろうとしない。皆、己の欲の露骨さがバレバレに見えてしまうのが嫌なのだろう。逆にいえば、欲を貫き切るだけの「もうひとつの」政治家としての力がないのである。龍太郎にはそのことも見えている。

「六菖十菊」という言葉がある。「証文の出し遅れ」とも言う。四月の総裁選を今論じても始まらない。

ただ、この選挙結果が、日本の将来にどう響くのかを考えなければという気持ちが、私にはある。実際、今、日本中からあらゆる崩壊の音が聞こえる。

「破壊から創造へ」

まず、壊すところから始めるという方法論で、私たちは生きて行けるのだろうか。

私は大学四年間を龍太郎とともに過ごした。お互いサラリーマンになり、赴任地が異なったため二年ほどのブランクがあったが、一九六三年、彼が衆議院議員に出馬する前後から再び付き合いが復活した。

その私は一体、何者か。日に三本も四本もファクスを打ち、電話を掛け合い、足しげく、龍太郎の事務所や自宅に出入りするのはいかなる理由からか。スポンサーか、それとも利権屋なのか。

そのいずれでもない。古くからの友人……。というだけでは、説明にならない。仲のよい友人といっても、理解しては貰えないだろう。大体、しゅっちゅう喧嘩もしているのだ。

では何か。私にとって橋本龍太郎は「趣味」なのだ。そこに利害関係は介在しない。

この四十五年、お互い頼みも頼まれもしない関係である。だが、相手の心の中を知っている。知っているから、余計なお節介と思われるのを覚悟で相手を慮《おもんばか》る。その関係を面白がって人が集まり、その輪が膨らんでいった。今日までの私の活動時間が十とすれば、私が会長兼社長をしている会社の社業に三割、業界関係や小・中・高・大学と通った慶應義塾関係の仕事や付き合いが三割。では残りの四割は何に費やしてきたのか。「趣味」に使ったのである。

ここに書かれていることを、私の一代記と読んでくれる人もいるだろう。それはそれで良いが、私と龍太郎、その周りに広がった様々な世代の人の輪の、来し方を読み取っていただきたい。そして、行く末を注目してもいただきたい。

未来。そこにあるのは何だろうか。極限、相互浸透、そして「？」の世界である。

第一章　我が青春に悔いなしや

東京大空襲の記憶

一九四四年（昭和十九年）一月。私は霜柱を踏み締めながら歩いていた。両脇には父と母がいた。父の名は喜十、母の名は光代。兄弟は、姉の喜久子・十一歳、妹の尚代・五歳、弟の寿男・三歳、そして一歳の末弟・奎三の五人であった。当時、麻布区三軒屋町にあった自宅から、恵比寿の天現寺に向かう道には、国民服を着た人が寒そうに身を縮めながら行き来していた。

一九四一年十二月八日。大日本帝国海軍による真珠湾攻撃をもって口火が切られた太平洋戦争だが、翌四二年四月、早くも米軍機B24が東京、名古屋、神戸の上空に飛来、六月にはミッドウェー海戦で連合艦隊は虎の子の空母四隻を失うなど、戦況は刻々と不利になっていた。東条英機首相は「皇軍は各地に転戦、連勝連勝」と声高らかに宣言、大本営は架空の勝利をでっち上げては発表していたが、心ある人たちは日本の前途に暗雲が立ち込めていることを知っていた。

一九三八年（昭和十三年）二月二十五日生まれで、まだ六歳の誕生日を迎えていない私は、戦争などとは無縁な世界に置かれていたが、それでも前の年に上野動物園が閉鎖されたことは聞いた。楽しみにしていた動物園行きが中止になったのだ。動物たちが毒殺されたことを知ったのは、かなり後のことである。

目の前に三階建ての鉄筋コンクリートの建物が見えてきた。私が受験することになった小学校、慶應義塾幼稚舎の校舎であった。

谷口吉郎さんの設計によるこの校舎は一九三七年に完成した。本来は瀟洒《しょうしゃ》という形容詞がつけられてしかるべきだろうが、私が見たのはイカ墨色に彩られた汚いコンクリートの塊《かたまり》であった。米軍の爆撃から逃れるために迷彩色が施されていたのだ。

「学校から半径一里に居住していること」

「住所、氏名、血液型が言えること」

この年の幼稚舎の合格基準は以上の条件に適《かな》う者とされた。大本営が何を言おうと、戦況は一層深刻なものになり、帝都への大規模な爆撃も人々の噂に上がっていた。

「半径一里」とは、交通機関が壊滅した場合に生徒が徒歩で通学できる範囲、血液型は爆撃や機銃掃射を受けた際の治療のため、住所、氏名は身元確認に必要だったからである。

幼稚舎は一八七四年（明治七年）に創設された。慶應義塾が目指す一環教育のシンボルともいうべき初等教育機関で、当初は義塾出身者の師弟が多く学んだが、その後は私立の名門校として名を高めていった。現在は、良かれ悪しかれ、いわゆる「お受験」のトップ校となっており、入学試験の倍率も十倍を越え、試験の難度も高いとされる。ところが、私の入学した一九四四年の倍率は三倍、三人に一人が入学できた。

今日までの幼稚舎の歴史百二十七年の中で、低い方から二番目の倍率で合格したのは、私たちである。一番低い倍率は、私たちが入学した翌年の四五年の受験生たちだ。

その頃、先生も生徒も疎開しており、僅かに残った三人の先生によって試験が行なわれたが、結果は全員合格であった。私たち四四年組と一年後輩の四五年組は、いってみれば、落ち零れの生徒ということになるかもしれない。

私たちが学校に慣れかかった六月に「帝都学童疎開実施要領」が発令されたため、生徒の多くは先生と共に伊豆の修善寺地方に疎開した。一部の生徒は親元に残るか、父母の実家や縁戚を頼って東京を離れた。

私は親元に残り、上級生をリーダーに登下校し、授業中に空襲警報のサイレンが聞こえると校舎の地下の防空壕へと避難した。

一九四五年三月九日。東京の夜空が、真っ赤に染まった。その一日に、太平洋の最後の砦ともいうべき硫黄島の日本軍が玉砕。アメリカの超弩級爆撃機B29が大鷲の群れのごとく帝都に襲いかかり、焼夷弾の雨を降らせたのだ。

夜中の三時頃だった。空襲警報の重苦しい音に目を覚ました私たち家族は、いつものように自宅の庭に掘った小さな防空壕に飛び込んだ。母は、私の腹に風呂敷包みを、これでもかというほどにきつく縛り付けた。風呂敷の中には預金通帳、保険証に実印などが入っていた。例によって「あなたは、お姉さんと一緒になって妹や弟たちを守るのよ。ここから出ちゃ絶対駄目よ」と言い残し、防空壕から飛び出していく。

母は隣組の防火班だったのだ。父はいなかった。京橋で、小さな軍事用部品工場と紙の販売店を営んでおり、泊まり込みで働いていたのだ。私たちは、防空壕から首を出して、夜空を見上げた。真っ黒な空に何条かのサーチライトの光が走った。ウォンウォンという重苦しい爆音が聞こえた。サーチライトが機影を捕らえた。

「B29だ！」

十一歳の姉が叫んだ。五歳の妹が、舌足らずの声で「B29だ！」と姉の言葉を真似た。三歳の弟が泣き出し、一歳の弟がきょとんとした顔をしていたのを覚えている。空襲には馴れていたが、この夜のそれはいつもとは違う。私は不吉な思いで、空を凝視した。

対空砲火が細い線を空中に曳き、小さな花火のように弾けた。

東の方向の空が、パッと明るくなったり、暗くなったりしていたが、やがて一面、夕焼けのように見えた。私は、天蓋代わりの板を下ろした。防空壕の中が真っ暗になったが、それでも、みんなの目が光っているのだけは分かった。

全都がほぼ焦土と化したなか、我が家が焼け残ったのは幸運であった。幼稚舎も無事だった。朝、外に出てみると異様な匂いがした。焼け跡の匂いの中に、肉が焦げたような匂いが混じっていた。父親が、息を切らせながら帰ってきた。

「みんないるな。よかった」

「あっちはどうなんです？」と母が尋ねた。

「俺の所は大丈夫だったけど、途中はひどいものだった」と父が答えた。

三月末、我が家が取り壊された。爆撃による延焼を食い止める防火帯を作るためだ。

しばらく防空壕で暮らした後、父が幼稚舎に休学届けを出しに行き、私たちは茨城県・下館にある父の生家に疎開した。

機銃掃射

下館は茨城県西部に位置し、中世は伊讃氏の城下町として発展、近世は水運、明治時代以降は鉄道網を利用しての商業の町となった。古くから織物業が栄えた所でもある。父の生家は十六代続いた豪農として知られ、敷地も広かった。私たちは母家とは別の棟に住むことになった。父が、近隣の林業者から立ち木のまま檜の大樹を現物支給で五本購入、大工代も現物支給で作った藁葺きの平屋建てで、三十坪ほどの家であった。

五月、私は大田国民学校の二年に編入された。

しかし、この地が疎開地として適切であったかどうかは分からない。米軍の爆撃機や艦載戦闘機が東の太平洋から侵入、内陸の工場地帯や交通の要衝を爆撃する。その通り道に位置していたのだ。ある日、爆音に気付いて空を見上げると、グラマンと思しき艦載戦闘機がキラリと翼を光らせ、反転し高度を下げてくる。ギューンといった風切り音、ついでバラバラバラ！

という音と共に目の前の地面から土煙が上がり、その土煙が連なりとなって、猛烈なスピードで斜めに走り去っていった。

目の前というのは錯覚だろう。実際は百メートル、いやそれ以上の距離があったかもしれない。物心がついてからその瞬間を思い起こすことがあったが、ドスドス！と機銃弾が地面に突き刺さる音も超高速の銃弾が巻き起こす衝撃波も、感じた記憶がないからだ。

いずれにしろ、私が初めて体験した機銃掃射であった。

我が家の復興

八月十五日、大日本帝国は天皇の詔勅をもって連合軍のポツダム宣言を受け入れ、全面降伏を宣言した。屋敷にあった縦型、真空管のラジオから、いわゆる玉音放送が流れてきた。ガーガーガーという雑音と共に、昭和天皇の肉声が聞こえてくる。

祖父母や父母、家人がラジオの前で頭を垂れ、すすり泣く……。

実際、我が家でそのような場面が展開されたかは確かな記憶ではない。その後の書物や写真、あるいは映画やドラマの中で見たシーンが、私の中に疑似体験として刷り込まれたのかもしれない。

ともあれ、その日を境に日本は一変した。田園に囲まれた下館でも、人々の表情は和らぎ、「そうだっぺ」といった茨城特有の方言と共に賑やかな笑い声が聞こえるようになった。

戦時中から都会を中心に食糧事情は極度に悪化していたが、農民たちはしたたかであった。

生きるためには何が最も必要かを知っていたから、米、麦、芋、うどん粉といった食料品をしっかりと溜め込んでいた。それに比べて悲劇的な生活を強いられたのは、都市部に住む勤め人や、縁故を頼って疎開した人たちである。田畑を所有せず、また、耕す術を知らぬ彼らは、家財や衣服を食料に替えるのに必死であった。強烈なインフレが進行し、金などはほとんど用をなさないため、いわゆる「タケノコ生活」を強いられたのである。筍の皮を剥くように、身の周りのものと食料を交換するのだ。

徐々に復活しつつあった鉄道に、農作物を詰めた籠や風呂敷を担いだ農家の人たちが乗り込み、東京へ運んでいく。帰りには、農作物は高価な衣服、装飾品などに替わっていた。箪笥《たんす》の中にしまっていた大島紬の和服と、子供に与えるための一個の梨を交換したという人の話を後に聞いたことがある。

戦時中、政府に供出せよとの命に逆らって隠し持っていた宝石も、米や芋に姿を変えた。農家のおかみさんの節くれだった指に、大きな指輪が輝いていたりもした。

父の生家にいた私たち一家は幸いにして、さほどひもじい思いをすることはなかった。もちろん美食とはほど遠く、サツマ芋の茎や名も知らぬ野草が食卓に並ぶこともあったが、育ち盛りの弟妹たちが飢えに泣くようなことはなかった。

下館は鬼怒川と小貝川に挟まれた土地である。二つの河川には幾つもの支流、小川や灌漑用水がつながっている。私は転校した小学校の級友や近隣のお兄ちゃんたちに連れられて、小川や用水で小魚や川エビなどを掬《すく》って遊んだ。これらの獲物は時に食卓に上った。庭を駆け回る鶏、生みたての卵の温もり、屑野菜を美味しそうに食べる兎たち……。

私の前には「兎追いしかの山　小ブナ釣りしかの山」の歌そのものの、のんびりとした世界が広がっていたのだ。

私が東京の実家に戻ったのは、一九四七年八月のことである。太田小学校には四年生の一学期まで学んだことになる。

父は一足先に帰り、家の新築工事にかかり切りになっていた。場所は麻布区広尾。かねてから父が手当てしておいた百五十坪ほどの土地があった。といっても昔の広尾である。今ならとても手が出せないが、戦前のこととあって楽に購入できたのだ。

「畳が入った」という父の知らせで、私たちは新しい家に帰った。まだ未完成なところが多く、やたら風通しが良かったが、新しい木の香りが心地好かった。

木の香りはあちらこちらからも漂ってくる。焼け野原に真新しい家が建ち、建築中の家からは槌音が高らかに響き渡る。

戦争で日本がどうなってしまったのか、広く見渡せる能力も情報も持たない子供ではあったが、再建、復興に向かう人々のエネルギーというものを、強く感じ取ることができた。

そんな中で、私は父のバイタリティに驚かされた。後で聞いた話だが、終戦と同時に父は、自分の工場で働いていた朝鮮人の従業員たちに、現物支給という形で洗いざらい譲り渡してしまったのだという。それでも、家族のために家を新築し、曲がりなりにも生活できる基礎を作ってしまったのだ。中小企業の親父の底力、「悔るべからず」である。

もちろん、すべての人々が将来に明るい希望を抱けたわけではない。天皇の赤子《せきし》として戦地に赴き命を失った多くの戦士たち、そしてその遺族、広島・長崎に投下された原爆を初めとする爆撃に遭遇した罹災者たち、生き死にの狭間を巡り、辛うじて生き長らえながらも、心身に取り返しのつかない傷を負った人々……。

思えばその人たちの存在の上に、戦後日本の世界がある。終戦から今日まで、さまざまな局面に遭遇した日本だが、私はどんな状況に置かれても、日本には必ず立ち直る力のあることを信じて疑わなかった。しかし、その力を生み出したのは、多くの犠牲者の魂ではなかっただろうか。

二年ぶりに登校した母校、幼稚舎の教室には、懐かしい顔が並んでいた。私のように個人で疎開した者を除くと、高学年と数人の低学年の生徒が四四年八月に伊豆・修善寺に集団疎開したが、四五年五月には青森県津軽郡木造町に再疎開し、その年の十月二十日に東京に戻ってきていたのである。

教育勅語と幼稚舎

終戦と同時に、占領軍の指導の下に新日本の道筋が定められた。当然のことに教育の世界にも様々な影響がもたらされた。ところが、幼稚舎に戻っても、私には戦前と違った教育を受けているという違和感はなかった。

疎開先の太田国民学校では、毎日校庭で行なわれる朝礼の場で、校長先生が「教育勅語」の朗読を行なった。「朕惟フニ、ワガ皇祖皇宗国ヲ肇ムルコト」に始まり「御名御璽」で終わる教育勅語を私は、何がなし覚えている。

しかし、幼稚舎に入学して疎開するまで、全校生徒が集まる朝礼で、舎長（校長）が「教育勅語」を朗読するシーンを見たという記憶がないのだ。

もとより、慶應義塾の創立にはユニークなエピソードがある。

一八六八年（慶応四年）、福沢諭吉先生は、芝・新銭座に築地鉄砲洲の福沢塾を移して慶應義塾を改めて開学したが、江戸市中では官軍と幕軍が最後の一戦を交えており、砲声、銃声が絶え間なかった。だが、福沢先生は生徒十八人を相手に講義を休むことがなかったといわれる。国家の体制の変革よりも教育を重要視していたということになるだろうか。その伝統が戦時中、幼稚舎に受け継がれていたとすれば、軍部主導の国家の変貌と教育とは別物、という思想が義塾の中にあったのかもしれない。

後に触れるが、私が親しくお付き合いさせていただいている石川忠雄元慶應義塾長は、太平洋戦争開戦当時、高等部におられたが、開戦の報を聞いて、ご本人を含めて塾全体が言い知れぬショックを受けたとおっしゃっている。

日本経済新聞に連載された「私の履歴書」から抜粋する。

「高等部二年だった昭和十六年十二月八日、日本は太平洋戦争に突入した。慶應義塾は福沢諭吉先生を中心に、社中一同、学問の進んでいる人が遅れている人を指導するという共同体的気風を持っていたが、これは先生の学んだ緒方洪庵の適塾や英国のカレッジに範をとったものであると思われる。そうした英米への親近感と尊敬があり、自由主義、合理主義の伝統を持っていただけに、英米を敵とする太平洋戦争の開戦は教員にとっても学生にとっても大きな衝撃であった」

ある後輩にこんな話を聞いたこともある。彼は大学で経済学を学んだが、当時一人の新進気鋭の助教授がいた。後、いくつもの政府審議委員を歴任、第二次臨調や税制調査会で活躍し、現在千葉商科大学学長を務める加藤寛慶應大学名誉教授その人である。

加藤助教授は講義初日の日、学生を前に、

「私たちの先輩や仲間が学徒出陣で戦地に送られましたが、慶應の学生は政府に目の敵にされていて、激戦地のそれも最前線に追いやられました。その結果、日本に帰ってこられた人たちは出征した三分の一ほどになってしまいました。恐らく他大学に比較して最も少ない生還率でしょう」

と悲憤慷慨《ひふんこうがい》したという。

独立自尊を謳い、自由平等博愛の三色旗を揚げる私学・慶應義塾の思い、その慶應に対する「官」の思いがわかるような気がする。

人生を決めた師との出会い

人間は「環境の生き物」といわれる。環境とは、大きく括れば社会環境だが、中でも家庭環境、教育環境が重要視されるべきであるのは論を待たない。昨今の殺伐たる世情を見れば、ますますその感を強くする。教育環境といえば、いかなる教師と出会うかによって、生徒の人格形成は大きく変化するのではないだろうか。

五年生になったとき、私は山岳紀行部というクラブに入った。ここでの部長や仲間との出会いが、私の人生を綾なす太い糸となって現在まで繋がっている。

部長は川村博通先生であった。慶應義塾大学文学部時代は体育会山岳部に所属、一九三八年に卒業、幼稚舎教諭となられた。

山岳紀行部というと大層な名前に感じられるが、小学校のクラブであるから、いわばハイキングクラブのようなもの。加えて川村先生は文学部の出身であり、文章指導もされていたから、山野を巡り見知らぬ村落を訪ねた折々に、紀行文を書くことも部活動の一環となっていた。もっとも、私は、先輩の部員たちが校庭にキャンプを張り、先生と語らうといったいかにも楽しげな雰囲気と、自然に触れられるということに関心を強く惹かれたのであって、文章を書かされるというのは予想外のノルマであった。

それでも、夏は長野県・発哺温泉周辺の山々、あるいは東京近辺の山に登り、登山のイロハのそのまた入り口あたりの面白さや苦しさを覚え、冬はスキーに興じ、心身共に次第に強靭さを得ていったように思う。

今、私の手元に、すっかり黄ばんでボロボロになってしまった小冊子がある。一九五二年に川村先生が幼稚舎での教員会議における研究発表に際して語った「登山について」という講演録である。

全文を紹介するといささか長く、さりとて梗概のみを紹介すると川村先生の該博な知識と強い信念に裏付けられた思想を正しく伝えられないというジレンマに陥ってしまうが、私の誤解、曲解を覚悟で講演録の要旨を追ってみたい。

登山には、しばしば重大な事故が起きる。

これは「結局のところ、登山の本義をわきまえないからだと申すよりほかはないのであります。つまり、登山行為というものは、海に浮かぶ氷山のようなもので、世間の人が見るところは、その海上に現われているほんの一角であり……」

「それを、屋内のスケートリンクでスケートを借りてスケートを楽しんでみるというような気持ちででかけるから間違いをおこすのであります」

登山部は、多くの中・高・大学では体育会に所属している。であれば登山は体育であり、スポーツであるのか。川村先生は、わが国での体育やスポーツの概念の根付き方の浅さや理解の誤りを指摘し、こう述べておられる。

「歴史的に見て、登山は近世に始まったのではなく、旅として、信仰として早くから行なわれております」

「また、我国では現代人が峯に憧憬するような気持ちで、すでに万葉の時代から山に登っております。万葉集に，残雪の筑波山に憧れて登ったという、現代人そのままの感覚の歌があります」

そういえば、私が疎開した下館からは、筑波山が良く見えた。「いつか登ってみたい」と思ったものだ。私の山への憧れの原点はここにあるのかもしれない。

「大昔から登山は行なわれていました。そして、そこには精神的な裏付けを早くから見出せるということが先ず言えます」

「今日現実に行なわれる登山行為を見たとき、それは他のスポーツ、体育のように一日の中の一定時間に限って行なわれるというものではないと言うことであります。家を出てから家へ帰るまで、数日、数十日、あるいは数ヵ月にわたり、行・住・座・臥すべてが含まれてしまう。そうして勿論、他の競技のように勝敗はない。なるほど、A峯を攻撃したとか、B峯から撃退されたとか言いますが、これは訳語が悪いのと、日本人がこういう『戦いの言葉』が好きな癖からよく使うのであって、登山精神にはこういう挑戦的な気持ちはあるはずはないのでありま す。世間には峯を征服するという言葉を不用意に使う人が多いですが、我々は『峯を征服する』という考えを卑しんでおります。

もし、心から征服という言葉をいう人がいたら、その人は山を知らない人というより他はないでしょう。ウエストンさんなどの著書を調べれば、このことは判然とします」

「次にあげたいのは登山者の心理状態といいますか、精神内容といいますか、勿論どんなスポーツでも、精神内容のないものはないでしょうが、登山というものにはこの精神面が特に大きな役割を果たしているといえます」

「山の哲学は客観的な山そのものの哲学に止まらず、山を行く者の内観諦念に進むものであります。そしてその哲学観は、山を行くものが一生たどって行く、生きて行く精神の『道』となるのであります。

しかも、この精神が先輩から後輩へとうけつがれ反省され、また、洋を越えて交流し、一歩一歩と進められて行っているものなのです」

「実のところ、近代登山はイギリスのスポーツ精神によってはぐくまれたといえるのでありま す。そして、それは我国では『芸道』『茶道』というような道の概念にまで進みつつあるのであります。勿論『登山道』などというものが確立されているわけではありません。我々三田(慶應)の登高会（山岳部OBの団体）が山について語り合う時、話はどうしてもそこに落ちついてしまうのであります。

『スポーツ、体育に相違いないが、どうもそれだけではないですな。どうしても「道」に入らなければ。しかし、この「道」に入れる人は案外少ないものですよ』

これは、登高会会員であり、日本山岳会理事の谷口現吉さんの言葉であります」

「登山は体育でもスポーツでもあるが、実はそれを超えるところがある。それに気付かず，簡単に体育、スポーツなどと早合点するところに今日の遭難の起こる可能性が大きくなるのであります」

「登山を一つの道として解する時、登山における隊員の精神的構成ということがはじめて明確に思惟され、隊員の協同社会の問題、それから隊員の精神的発展、つまり『山を行く人の心はいかにして育ち発展していくか』『一生涯山を友とする人柄はいかにして出来上がっていくか』

という人間教育の問題がでてくるのであります」

山岳紀行部は、幼稚舎の自由研究の二部＝体育部ではなく、第三部＝音楽や演劇の部に所属しているのは、以上の理由からである。

「山岳部という名称でもよいのですが、世間の早計な日本人がスポーツ、体育の真義を理解せず、なんでもかんでも体育部に入れてしまったやり方と混同されないために、紀行と付け足し、その精神面を強調したまでのことなのです」

川村先生は、山と人間教育との関係について次のように述べておられる。

人はなぜ、山に登るのか

「結局は好奇心、冒険心などからでありましょう。これは子供の登山前夜の気持ちを聞けばすぐ分かります。また、登山家の伝記や告白を読んだり聞いたりしても、大体一致しております。それから進んで、目的を果たした喜び、さらに（より高みに対する）憧憬の心に変わるでありましょう。私は、ここまでを娯楽と解したスポーツの世界といっております。それから先の心境に進むところに『道』的なものが開かれてくると思います」

川村先生、いや当時の私たちの敬愛を込めた呼び名を用いれば「川セン」は、道の世界を苦悩・反省からさらに進み、懺悔道《ざんげどう》（諦念）と定義しておられる。

「目的を果たした喜びから、なぜ、苦悩に進むのであろうか。『満ちれば、欠ける』という理《ことわり》か、峯に立った喜びは峯を去る悲しみに変わる。この心を持つものは『道』に入る緒をつかむ心的傾向がある者と言えるでしょう」

「実際に山に足しげく行く者は必ずや、自分はなぜに、かくのごとき苦労をして山を登るのかと思う時があります。『汗をすっかりかいた後の疲労の心地好さを味わうため』と答えることもできるでしょう」

達成感を味わうためという答えもあるだろう。しかし、これらの答えによってひとまず納得した後に、また奥に向かって反省が生まれる。

「このように『業』を重ねて、自分の生きて行く姿、ある絶対的なるものに結び付けられて生きて行く自分の姿を見つめるのです」

鹿子木員信先生（慶應義塾の専任講師・インド哲学の研究者）は、こういった心の在り方を「山の崇高さへ向かっての人格の高揚」と述べられ、塾の大先輩である著名な登山家・槙有恒さんは、著書『山行』の中で「浮き世を離れて山に行く心」について書かれている。

「心の問題はそれぞれの登山家の哲学観によって、絶対世界をいかに規定するかの問題になってしまうと思います。そこで、私は問題を一段下げて『人間』と『絶対』との懸け橋の役目をする教育の問題として考えてみようと思います。そこに出てくるのが、登山家の精進《しょうじん》（登高精神または闘争心）と内省であり、リーダー（隊長）とメンバー（隊員）つまりリーダー・シップ、メンバー・シップの問題になってくるのであります」

リーダーはいかにあるべきか、メンバーはいかにあるべきか。これは導く者と導かれる者、師と弟子、学校で言うなら、先生との関係と言ってよい。

「師は何を目指して何を心のたよりとして、弟子を指導していくのでしょうか。山に於いては『絶対の峯』を目指してリーダーもメンバーも、嬉々として登っていくのであります。リーダーは、自分自らに対しての真摯な自己反省、自己懺悔からにじみ出すメンバーへの愛情を抱くことに徹したとき、この世における理想的な生の世界が具現するのであります。そして登山の醍醐味が登山隊の各人が味わうことができ、異体同心の世界が展開されるのです」

川センは、教育という視点から二つの問題について述べられている。

一つは人間教育と山、もう一つは小学生と山との関係である。

「教育といえば、だれでも学校を思い浮かべます。学校とくれば、先生と生徒ということになります。しかし、人間の一生を考えた時、学校生活はその一期間にしかすぎません。教育の大きな意義は、人間そのものを、生から死まで対象とすることでありましょう。人が一生をかけてなす教育行為、人が一生をかけて受ける教育行為、これが人間教育というものであると思います。学校教育は、人間教育の一部を受け持っているとも言えるのでしょう」

「先生・生徒という代わりに、人生の先輩・後輩と言葉をかえてもよいですが、人はどんな一生を過ごすべきか、何によって生きて行くべきか、これが後輩にとって、先輩に教えてもらうところではありますまいか。子供から大人になる時、生きて行くお手本になる本当の人の姿を我々は求めたのではなかったでしょうか。道一筋に生き抜いて行く先輩、それを追い求めていく後輩、そこに私は人間教育のひとつの姿を見出します」

「小学生時代から中学生世代、それから高校、大学生、さらに社会人へと、私と一緒に山を歩いた後輩たちは前進して行きました。ある者は、私と同じように山をどこまでも友として、またある者はある時期からはっきりと他のものを友として前進していますし。しかし、他のものを友にした者たちは、妥協なく、脇目もふらず、迷うことなく、新たな友を生涯の友として生きていっているようであります」

小学生と山について先生は、次のようにおっしゃっている。

「子供が歩くことに喜びを感じ始めるのは、どうやら小学校四年生あたりからのようです。はじめは、ボールなどの遊び道具を持たせて川原歩きをさせてみます。数回出かけると、歩くことに熱心になり遊び道具は持っていくだけになります。子供ながらも友達とダベりながら歩くことが楽しくなるようです」

五、六年生になると、山遊びに関心を持つようになる。道のない藪の中を歩いたり、木に登ったり、崖を降りたりという、ちょっとした冒険、ターザンごっこを始める。

地図と磁石は、なるべく早くから持たせるが、正確にこれらを使いこなせるようになるのは高校三年くらいになってからだ。

「そこで『山の勘』ということが問題になります。山を歩くには、勘が大切なのです。しかし、あてずっぽうの非科学的な勘が必要というのではありません。道具や機械を使いこなし、熟練したところから生まれる勘のことなのです」

望遠鏡をのぞけば、遠いところが必ず見えるというものではない。見たいものに照準を合わせ、ピントを合わせることができてはじめて目標物を観察することができるのだ。

「山での磁石や地図もそうです。これさえあれば、山に入っても道に迷うことはないと思い込むのは一番恐ろしいことです。山登りは外科手術のようなものです。解剖学の専門書とメスなどの道具さえあれば、だれにでも手術ができるでしょうか」

この小冊子の表紙には先生の美しい文字で「謹呈　川田善朗君」と書かれている。末尾に「昭和二十七年十一月三十日　落合にて稿す」とある。当時、私は幼稚舎を卒業し、普通部の三年になっていた。勿論、普通部の一年から、山岳部に所属していた。

この年、普通部は天現寺から横浜の日吉に移転していたから、通常なら、夏の山や冬のスキーなどで、OBとして山岳紀行部の後輩たちの指導に当たる時を除くと川センとお会いすることは少なくなっているはずだ。しかし、私は違った。幼稚舎時代よりも、普通部、さらには高校、大学と、年を経るほどに先生との付き合いが濃密になっていった。それは、私の山への傾斜の角度と似ていた。その私に先生がこの小冊子を下さったのは、なぜなのか。

先生は最後にこう述べられている。

「とにかく、山で遭難しないでいただきたい」

川センは、すっかり山に取り憑かれてしまった私の中に、ある種の危うさを感じられていたのかもしれない。

第二章　学び舎は慶應義塾

一貫教育の本当の意味

慶應義塾は、一貫教育の嚆矢《こうし》とされているが、そもそも一貫教育とは何だろうか。形態をいえば、小学校から大学あるいは大学院まで同じ経営母体が運営し、内部進学者は優先的に上級校に進学できるという教育システムといえるだろう。いわゆるエスカレーターといわれるこの進学システムは、一度は過酷な受験戦争を突破しなければならないにしても、二度、三度と繰り返さずにすむために、伸び伸びとした青春時代を謳歌できるというメリットがある。しかし、より以上のメリットは、すべての組織を一つの教育理念が貫いているという点だろう。玉川学園は創立者・小原国芳氏の「全人教育」という理念によって貫かれているし、慶應義塾は一八五八年以来百四十三年にわたって、いわゆる福沢精神を踏襲している。

時代の変遷により、古きを改めるところはあっても、建学の精神は未来に受け継がれていくのだ。その中で、慶應の一貫教育のユニークな点を挙げれば、体育会の存在だ。

体育会は一八九三年に全塾生の健全なる身体の発育を目指し創設され、当初は剣道、柔道、野球、端艇、弓術、兵式体操、徒歩の各部によって構成されていた。その後、新しい部が創設加入、山岳部は十三番目の部として一九一九年に体育会に加入した。一九九二年には加入三十八部によって、体育会創立百周年を祝った。

野球にしろラグビーにしろ柔剣道にしろ、幼稚舎から大学までの生徒、学生が同じ体育会のメンバーなのである。当然、そこには、先輩が後輩に技術や心の在り方の指導をしたり、日常生活の中で面倒を見たりといった関係が生まれる。川センの講演録にもあるように、後輩は道一筋に生き抜いていく先輩を追い求めて行く。そこに人間教育の一つの姿があるのだ。

登山は、スポーツ、体育の枠に収まらない部分もあって、幼稚舎の山岳紀行部は体育会に所属していないことはすでに述べたが、戦前の旧普通部の山岳部は体育会に属していた。

ただし、私が通った頃の普通部は、幼稚舎の山岳紀行部に近い存在であった。というのも、次のような事情があったからだ。普通部は当初、三田のキャンパスにあったが、一九四五年の東京大空襲で全焼してしまった。ちょうどその頃、天現寺の幼稚舎はほとんどの生徒が疎開していたため、空き家状態にあった。ならば一時的に校舎を占拠、いや、借用しようということで、普通部は天現寺に移った。が、その結果おかしなことになった。

四六年十月に幼稚舎生が青森県の疎開先から戻ってきた時は、校舎の大半を普通部が使用していた。しかも当時の普通部は旧制中学であるから五年制であり、最上級生は髭も生えそろったむつけき十七歳、留年でもしていれば二十歳近い者もいたのである。

　ご承知の方もいるだろうが、現在の高校野球選手権はその昔、中等学校野球選手権という名前であり、その第一回の優勝校は旧制普通部なのである。このあたり、最近の塾出身者はあまり正確に把握していないようだ。

　さて、幼稚舎生が帰ってきたために、普通部は急遽、天現寺のキャンパスというにはあまりに狭い校庭に、今でいうならプレハブ、当時でいえば堀っ建て小屋と呼ぶべき木造二階建ての校舎を建てた。かくして、下は六歳から上は髭面男までが、共に学園生活を送るという事態になったのだ。

　その期間は、日吉に新しい普通部校舎が完成する一九五二年まで七年間に及ぶ。その間、学制改革があり、普通部は三年制の中学となったが、五二年のデータを見てみると、幼稚舎生が六学年で七百九十二名、普通部生が二学年八百二十九名（前年に三年生だけが日吉に移動）、計千六百二十一名が狭い校庭で、足の踏みっこをしながら過ごしたのだ。

　しかし、生徒たち、とりわけ私たち幼稚舎生は、このキャンパス・ライフを楽しんでいた。なにしろ、たくさんの兄貴たちがいるのである。時に悪さを見習うこともあったが、良いこと、面白いことも先輩たちから教わったり、見覚えたりすることができたのだ。

　加えて、小・中学校九年間の一貫教育、それも極めて密接な一貫教育を図らずも受けられるというメリットもあった。

　例えば、幼稚舎のスキー合宿には、山岳紀行部に所属していた普通部生や高校・大学生が指導員として参加する。実技の指導もさることながら、「なんでも引き受け屋」として先生に協力するうちに、無償の奉仕精神や弱者を助けることの意味をいつの間にか学ぶ。それを見ていた幼稚舎生が普通部に進むと、同じ精神で後輩たちの世話をする。百万遍の理屈よりはるかに効果があり、価値のある実践教育を体験することができたのである。

私は、一九五一年から五九年までの九年間、スキー合宿の指導員をした。川センに依頼されたことではあったが、私自身の気持ちも積極的であった。

その間、日吉の普通部・高校・大学、さらには三田の大学と、通うキャンパスは変わったし、行動範囲も変化する。「いつまでガキの相手をしてるんだ」と揶揄《やゆ》する者もいたが、私にとっては様々な意味で価値を見いだすことのできた、まことに有意義な活動であった。

百人単位の小学生にスキーをさせればどうなるか。骨折、捻挫が続出するのは当たり前である。風邪をひく者、お腹をこわす奴、ホームシックにかかる坊やなどを入れれば際限がない。そちらの面倒は先生にお任せするとして、一切怪我人を出さないようにするにはどうすればいいのか、私は毎年考え続けた。五八年、私は指導員の総責任者として長野県・熊の湯の合宿に参加した。

子供たちに、徹底した安全教育をし、絶えず目を光らせ、無茶をする者には「みんなに迷惑をかけるんだぞ」と叱り、注意を促す。

その結果というべきか、奇跡というべきか、およそ一週間の合宿の最後の日まで捻挫、骨折ゼロ。開闢《かいびゃく》以来の快挙と思いきや、最後の日の夕刻、先生の一人が転倒、捻挫してしまった。

「先生、だから言ったでしょう。気合ですよ。気合を入れれば転んでも、スキーは折れても脚はなんともないんです」

などと偉そうにお説教をしたが、後の祭り。

私は先生を担いで、東京に戻る羽目となった。

こういった活動で得たものは何か。リーダーシップの意味を理解することができたとか、自己抑制や克己心が養われたといった鯱鉾《しゃちほこ》ばったことよりも、上下、数十歳にわたる先輩後輩を得ることができたことである。そして、この先輩後輩のつながりが、人生に様々な彩りを添えてくれたのだ。これぞ、慶應の一貫教育の優れたところではないだろうか。

仲間の死に遭遇する

一九五三年に高校に進学するや、私はただちに山岳部の部室を訪れ、入部の手続きを取った。旧制時代はいざ知らず、三年制となった新制中学の普通部・山岳部は、まだ、本格的な山行は行なわなかった。どちらかといえば幼稚舎の山岳紀行部の延長線上にあり、ワンダーフォーゲルのような活動に限定されていたのだ。

しかし、高校の山岳部は違った。大学山岳部の指導を受け、本格的に山に向かうのである。今、私は「向かう」ではなく「挑戦」あるいは「チャレンジ」という言葉を使おうとして考え直した。

「山への挑戦」「チャレンジ」あるいは「征服」「攻撃」といった言葉がいかに危険で意味のな

いことか、先の川センの講演録に記されている。しかし、高校へ進学した頃、これらの言葉を口にせずとも、心の片隅にあったことは確かだ。

当時、山岳部の五人の三年生部員はいずれも中等部の「山の会」の出身者であった。中等部は、学制改革を機に商工学校が廃止され、まったく新しい塾内組織として創立された中学校で、普通部が男子生徒のみであるのに対し、男女共学である。

二年生部員は四人で、そのうち三人が普通部の出身であった。ただし、幼稚舎の山岳紀行部の出身者はいなかった。

そこに私と共に幼稚舎、普通部を通じて山に馴染んできた者が十人、さらに外部進学者からの五人の一年生が加わり、山岳部はにわかに大所帯となった。

この山岳部人気は、ヒラリー卿のエベレスト初登頂に始まる世界的な登山ブームに加え、日本が敗戦から急速に立ち直り、豊かな時代へと入りつつあったことと関係する。山岳部は、ほかの運動部に比較すると、部員の経済的負担が大きいのだ。

新入部員の私たちは、大学生や先輩部員に鍛えられながら、山との付き合いを深めていった。

一九五四年七月。私たちは夏山のトレーニングに入った。十八日からの東北朝日連峰縦走を無事成し遂げ、その足で上高地に入り二十六日から涸沢にテントを張っての合宿生活を開始した。高校のメンバーは三年生でリーダーの藤山愛作さん、サブ・リーダーの大沢利昭さん、望月慶行さん、保坂悟さん、二年生の加藤尚君、慶行さんの一つ違いの弟・望月武夫君、村松真治郎君、そして私、一年生の中条恒三君の計九人であった。

七月二十八日。奥穂高のルンゼ（岸壁の切り込んだ谷間）下部で、雪上歩行やストップ練習、グリセード（ピッケルを横抱きにして、雪面を滑走する）の練習を行なった。午前中は高曇り、午後は時々雨が降るという天候だったが、次第に回復の兆しを見せたので、九人の部員は二隊に別れ、私は藤山さん、保坂さん、望月君、村松君と共に奥穂高に向かい、大沢さん、望月さん、加藤君、中条君の四人は北穂高に向かった。ところが天候がにわかに悪化し、風雨が強まったため、私たちは登攀を中止してテントに戻った。

一方、北穂高に向かった隊は、南稜の左側にある雪渓から南峰に達したが、雪渓が急なため、稜線を下り涸沢岳との最底コル（馬の背に挟まれた谷状の底）に達し、さらに涸沢に向かって下り始めた。

望月さんと中条君は雪渓を避け、ガレ（大小の岩石が滞積する河原のような場所）を二十メートルほど降り、大沢さんと加藤君は雪渓をグリセードで下った。が、この時、加藤君が五十メートルほどスリップした。幸い、ピッケルでブレーキをかけることができ怪我もなかったが、雪渓よりも涸沢岳側のガレの方が安全と判断し、その旨を大沢さんに告げた。

大沢さんはコルから三十メートルほど下の雪渓の真ん中に立ち、望月さんに対し、涸沢岳側のガレに移るように指示を出した。

望月さんは慎重にステップを刻みつつ、トラバース（横移動）を始めた。三歩ほど雪渓を渡った時、悲劇が起こった。

体のバランスを失い転倒。そのショックでピッケルが飛び、望月さんが雪渓の上を猛烈なスピードで墜ちていく。あお向けのまま体が大きくバウンド、さらにガレの中で四回ほどバウンドしてうつぶせの状態で止まった。

加藤君がグリセードで望月さんのもとに向かい、体を抱え起こす。耳、口、目から出血し、辛うじて息はしているが、喉に引っ掛かるような呼吸で、意識は既になかったという。

大沢さんたちは、付近でトレーニング中の他の高校生パーティに救援を求め、望月さんを下ろし始めたが、まもなく望月さんの体から力が抜け、呼吸も途絶え、体温が急速に失われていった。

私たちは、テント場に駆け込んできた中条君から、望月さんの遭難を聞いて、現場に駆け付けた。望月さんの遺体は、テーブル岩の上に横たわっていた。

声を掛け、名を呼ぶことに何の意味もないことは一目見て分かった。ほんの十数秒、直立していた私たちは、望月さんの体を搬送しやすいようにシュラフで包み、ザイルで縛った。かつて先輩の言った言葉が頭の中を駆け巡る。

「いいか。もし仲間が死んだら、その瞬間、物体だと思え」

残酷なようだが、死んだら「物」になる。そう思わなければ、なすべき行動が取れなくなってしまうのだ。私の隣には、望月武夫君がいた。慶行さんの一つ違いの弟。同じ山岳部で行動を共にするくらいだから、だれの目から見ても、無茶苦茶仲のよい兄弟であった。

ザイルを兄の亡骸に結び付ける彼の喉から、「クーッ」と絞り出すような音がした。

血を分けた兄弟を「物と思え」と言われて、思えるはずがない。

翌日、望月さんのご母堂一枝さんが駆け付けてこられた。「味の素」の創業者の家から望月家に嫁がれたご母堂は、男の子三人に恵まれたが、ご主人を太平洋戦争で亡くされた。その悲しさを押し殺しながら、慶行さん、武夫君、そして、当時、普通部三年の茂義君の成長を楽しみにされていた。そこに降って湧いた不幸である。だが、気丈な母であった。涙も見せず、救助関係者や私たちにねぎらいの声をお掛けになり、葬儀の手筈をととのえられていた。

三十日夕刻。横尾にある二股森林の中で、私たちは木を切り出し、井桁を組んだ。中央に慶行さんの遺体を据え、その上にガソリンを撒く。真夏という気候、当時の交通事情から、東京まで遺体を搬送することが難しかったため、現地で荼毘に付すことになったのだ。ガソリンに火が点けられた。ボン！　という破裂音とともに火柱が立つ。炎の中で、突然、慶行さんの上半身が起き上がり、バリバリと生木を咲くような音の中で、再び身を横たえた。やがて、猛火は勢いが薄れ、透き通った上高地の夜空に一条の煙となって、慶行さんは昇天していかれた。

丹沢山塊での悲劇

望月さんの死からちょうど四ヵ月後の十一月二十七日。二年生の加藤尚君をリーダーに望月武夫君と一年生の吉野晴幸君、金窪欧二君の四人が裏丹沢に集結した。鳥屋にある春木旅館に一泊し、翌早朝、焼山、蛭ヶ岳、大倉にいたる丹沢主峰縦走を行なうことになっていたのだ。

一方、私は藤山さんをリーダーとする隊の一員として、二十八日表丹沢の新芽の沢から登り、塔ヶ岳で加藤隊と合流することになっていた。

朝、私たちは新宿駅を出発した。空を仰ぐと雲行きが不穏である。ともあれ、丹沢の表の入り口にあたる渋沢まで行ったが、激しい風雨に見舞われ、計画を断念した。時は午前七時。登山本部としていた中沢公正先輩（大学のチーフ・リーダー。後にヒマルチュリ登頂隊員）の家に電話を入れ、その旨を伝えるとともに、加藤隊の宿にも電話をしたが、電話線の不調でつながらない。

その頃。

朝四時に宿を出立した加藤隊は、焼山から蛭ヶ岳を経て、丹沢山に向かっていた。雨が五時頃から降り出していたが、さほどのこともなかった。しかし、焼山あたりから風雨が強くなり、やがて霙《みぞれ》交じりから暴風雪となる。進むべきか戻るべきか、リーダーの加藤君は大いに迷ったに違いない。しかも、まだ経験の浅い一年生部員二人を連れているのだ。行くにせよ戻るにせよ、困難さは変わらない。

では、この地に止まって、天候の回復を待つか。いずれにしろ、当面の風雪が凌げる場所を探さなければならない。丹沢山手前の通称つるべ落としの下まで、這うようにしてたどり着いたが、吉野君が疲労のため遅れがちとなった。加藤リーダーは、望月君と金窪君を先行させ、風当たりの弱い場所を探させた。望月君はつるべ落としの上の林の中に大木を見つけ、その根元に金窪君を休ませ、取って返して加藤君と二人で吉野君を抱えるようにして大木の所まで運ぶ。この時、吉野君はもう立っていられない状態であったという。

加藤君は吉野君を介抱する一方、望月君と金窪君に、尊仏小屋に救援を求めに行くよう指示したが、望月君も疲労の極に達していた。やむなく呼び返し、全員ひと塊りとなった。吉野君は既に昏睡状態に陥り、望月君もがっくりと腰を落としたまま眠りに引き込まれていく。加藤君もメンバーを介抱する力を失い、睡魔に襲われる。

金窪君はなかでは比較的元気で、望月さんの体をなんとかシュラフに引き込もうとするが、泥寧《でいねい》と化した足元のため思うようにいかない。

時は刻々と過ぎ、風雪やまず。

私たちはすでに帰宅していたが、加藤隊のことが気掛かりでしきりにラジオの天気予報に耳を凝らしていた。午後六時、望月君の家から藤山さんの家に、もう帰京していていいはずだが何の連絡もないという電話が入った。藤山さんから連絡を受けた私の頭の中に不安がよぎった。

改めて、暦を見る。望月慶行さんの月命日にあたるのだ。

午後八時を過ぎたが、連絡はない。登山本部の中沢先輩宅に部員が集合、各方面に連絡、捜索方法を検討し、朝一番で出発することに決めた。

翌二十九日午前十二時四十分、藤山さんたちが尊仏小屋に到着。そこには、金窪君がたどり着いていた。加藤リーダーが金窪君に自分の衣服を与え、非常用のシュラフを二個重ね、そこに入れてくれたため体力を温存することができたのだ。残りの三人の安否に対して、金窪君はうつむき黙して、首を横に振る。

一時間余りかけて、捜索隊は遭難現場に着いた。加藤君も、望月君も、吉野君も、息が途絶えていた。凍死特有の真っ白な皮膚。眠るままに亡くなったため、苦悶の表情はなかった。

私は遭難現場を離れ、秦野の駅に向かった。東京から来られるご家族を迎えなければならないからだ。天候は回復していたが、道はぬかるんでいる。

「ゆっくり歩いていけ。二重遭難にならないように」と先輩たちに命じられたが、一刻も早くと、気が焦る。

ほとんど小走りのように道を下っている時、突然両足に痛みが走った。足が吊ったのだ。ドッと倒れ、体が一回転すると、目の前に渓谷が口を開けていた。恐る恐る覗きこむ。よくも、崖の縁で止まれたものだ。師走を前にした山中なのに、どっと汗が吹き出した。しばらく横たわり、足の回復を待って再び麓を目指す。

秦野駅に加藤君、吉野君のご両親、そして望月君のご母堂・一枝さんが着かれた。

一枝さんが「川田さん！」と小さく叫び、私の両手を握り締める。私はただ小さく、「すみません」と言うほかはなかった。相次いで愛息を失ったのである。戦時下ならともかくとして、一人の母親がなぜ、これほどまでの運命の痛撃を受けなければならないのだろうか。

三十日、遺体は各遺族のもとに届けられ、それぞれのお宅で通夜が営まれた。通夜の席を巡った私は、友人代表としてお悔やみの挨拶をした。

「彼らは、極寒の中、生きるために助け合い、抱き合って力尽きるまで、がんばりました。最期の時、ご両親に『ごめんなさい』と詫びながら、昇天していったのです……」

この遭難から半年あまり経った一九五五年六月、私たち山岳部部員は、亡くなった望月君のお母さんと弟の茂義君、吉野君の両親と弟、加藤君のお母さん、幼稚舎以来の友人たち、そして幼稚舎・山岳紀行部の川セン、合計三十数名で丹沢を登った。亡くなった三人を追悼するための山行であった。私たちは一泊二日をかけて彼らの足跡をたどり、遭難の現場にぬかずき、祷りを捧げた。加藤君たちがその根元で永遠の眠りに就いた木は、驚くほどの大樹であった。「丹沢中を探しても、一本とないだろう」と語り合いながら、見上げた。

この時、吉野君のお母さんが読まれた三人への追悼の文を、川センがしたためた『丹澤追悼登山記』から転載させていただく。

みたりの靈《たま》に

尚君、武夫君、そして晴幸
貴方達が此の地で、烈しい吹雪の中に再び母の胸に帰ることもできず、永遠の登山の旅に出發して行って半歳。

今日三人の母達は、貴方達を慈しみ、育んで下された先生方や又親しみむつみ合った山のお仲間のお導きに依り、今此拠迄登って来ました。

貴方達が眠って逝った此の地の上の、一葉もなく散り尽くしてゐた梢を、今、むせる様な青葉がおほってゐます。

尚君、武夫君、そして晴幸

靈あらば幻ともなりて、母達にその姿を見せて下さい。

此拠に来れば貴方達に會へる。そう信じて登って来た母達なのです。

うつしゑにむかってその名を呼び、その面影を描き乍ら、悲しみに耐えてとにもかくにも、半歳の月日を送りました。貴方が息絶える迄がんばった様に母達も亦その生を終える日迄、山を愛した貴方達の様に、清らかな、正しい気持ちをもって生きようと努力してゐます。

貴方達を失った悲しみは大きいけれど山のお仲間の美しい友情に守られて、母達の心に生きた貴方達を抱き乍ら、何時か召されて貴方達のそばに行ける迄がんばります。尚君、武夫君、もろくも力盡きた晴幸を助けて、本當に命かぎりがんばって下さったお二人に、今改めてお禮を言はせて頂きます。有難うございました。

みたりの靈よ、安らかに楽しい旅を續て下さい。山のお仲間とそして母達の心からの祈りに、貴方達の旅路が安らけくありますように……。

昭和三十年六月十二日　　丹澤山頂にて

川センは『丹澤山追悼登山記』の棹尾に、次のように書かれて筆を置かれている。

「我々の追悼登山はとにかく終わった。私はいつになくがっくりした。或ひは年齢のせいかなと思ってゐる。あの植えて来たつつじなどが咲く頃にもう一度、訪れることが出来るだろうかなどと妙に心細いことを考へてしまった。それにしても、山へ行く若い人達に親達の気持ちを忘れないように付け加へたい」

幼稚舎の山岳紀行部を創部し、子供たちに山の素晴らしさと、それゆえの恐ろしさをそれこそ命懸けで教えながら、なおも一抹の不安を覚えていたであろう川センの心の痛みは、仲間、友を失った私たちと異なった意味で、痛切の極みであったに違いない。

友の死をどう超えていけばよいのか

この、二度にわたる山岳部の事故は、慶應高校のみならず、塾全体に大きな波紋を引き起こした。半年もたたぬ間に、将来のある四人もの命が失われたのだ。大問題にならぬわけがない。体育会山岳部は、この事故についての反省を機関誌『登高行』十五号（一九五七年度版）に掲載している。

慶應高校の山岳部は、五年制であった旧制の頃から、大学山岳部と常に行動を共にしてきた。しかし、高校の自主性を重んじるために、合宿は一緒にするが、山での活動は別個に行なうことに改められた。もちろん、訓練の指導、登山活動の計画などに関しては、大学部員が責任をもって関与することは従来通りだ。その新しいシステムのもとでの最初の活動が、涸沢合宿に先んじて行なわれた東北朝日連峰縦走であった。この縦走は何のトラブルもなく無事に終わったが、それに続く涸沢合宿に入って二日目に望月さんの滑落事故が発生し、そのショックも覚めやらぬ十一月に、丹沢での遭難が起きた。

山岳部としては、一九五四年から五五年にかけて活動を自粛、高校山岳部の在り方を再検討し、心技体にわたっての訓練の在り方、大学生と高校生との関係の見直しなどを行なった。

当時、大学の部員から見れば、滑落事故も丹沢の遭難も、まだ、体力、技術、判断力の伴わなかったことが、大きな原因と考えていた。翻ってみれば、それは、大学生の指導が十分に及ばなかったことであり、その責任はひとえに自分たちにあると、彼らは深い反省の意を表した。ところが、である。

山岳部が活動を再開してほどない一九五五年五月、山岳部は、またまた大事故を引き起こしてしまったのだ。

慶應高校出身で大学二年の島田昭治さんをリーダーとする四人は、奥又白から前穂高、千丈沢縦走を計画、山岳部OBの松沢幸雄さん、大橋基光さんが途中まで同行することになった。四月三十日に奥又白を登った一行は、五月二日、Aルンゼに登り、前穂高、奥穂高を踏破、二人の先輩と別れ、五月五日、槍ヶ岳に登ることになった。

四人は島田さんと一年生の石井健太郎さん、大口晏弘さんと杉本桂一郎さんとでザイル・パーティを組み、北穂高北壁の下降を開始する。北壁はザラメ雪がクラスト（溶けた雪が再び凍った状態）しており、割合堅い状況であったという。大口さんのパーティが先行、北壁の途中の縦走路の分岐点に達した時、上方にいたはずの島田さんと石井さんが突然、大量の雪片とともに滑落してきた。瞬間、杉本さんが手を伸ばし、島田さんたちのザイルを確保しようとしたが、猛烈な勢いにはじき飛ばされ、杉本さんも滑落した。

幸い、大口さんの確保で杉本さんは止まることができたが、島田さんたちはなおも滑落を続け、下方のルンゼに落ちていった。大口さんと杉本さんは二人を追い、北壁直下のカール（水のない滝壺状のところ）で二人を発見したが、頭部を強打した彼らは、即死の状態だった。

この遭難のショックの大きさはいかばかりであったか。

『登高行』十五号から抜粋してみる。

「この遭難事故は我々に大きな衝撃を与えました。それは、七月、十一月と続いて人命に関する大事として三度目のものであるという事実と、併もそれが大学上級部員のものであった為でした。涸沢、丹沢と相次いだ高校生の事故に於いて、勿論山の危険性に対する我々の甘さはありましたが、我々はどうしてついて行ってやらなかったのか、一緒に行っていたならば或いはという悔いを残したのであります。併しながら今回の二人の遭難事故は、我々同僚の事故であり、そのことは我々自身の遭難に他ならないものでありました」

「登山は生命に関する行為である。他のスポーツの勝敗は得点の問題であるが山登りにおいては敗北は死であるとは良くいわれる言葉であります。『人間が死ぬと言う事を、考えのうちに入れてやっている事には、すくなくとも冗談ごとは言っていない……』とは大島亮吉さん（登高会会員）の言葉であり、槇有恒さん（登高会会員）、板倉勝宣さん（学習院大学山岳部OB会山桜山岳会）、三田幸夫さん（登高会会員）の三人がガイドを連れ、一九二三年一月十七日、厳冬の立山松尾坂で猛吹雪に遭遇、疲労によって板倉さんが凍死された。板倉さんを失った槇さんは、『板倉は何も教えていってはくれなかった。只それは生命の尊厳と云うことだ』と

『山行』の中に書いておられましたが、こうした先輩が山登りを考えていた様な謙虚な実感と真剣さを我々は持っていただろうかと考えるのです」

私の高校二年の生活の大半は、失われた仲間たち、そして先輩たちのことを考えることに費やされたような思いがする。

五五年、私は山岳部のキャプテンとなった。部員は、遭難事故の影響を受けて半数が退部し、同期生六人、二年生六人、新入生は激減してしまった。

その年、私は三年生九百余人が参加した北海道修学旅行の代表、運動会、水上運動会の実行委員長を務めた。

疎開、転校、復学と混迷の中にあった幼稚舎時代は無論のこと、普通部でも学業優秀であったわけではない。高校でも勉強をしたという記憶はない。山岳部の活動以外では目立った存在ではなかった。しかし、山を通し、身近な人の死を通して私は悩み、考えた。

このことによって、恐らく高校生としては異常な死生観を抱き、人格や言動が多少なりとも変貌を遂げ、周囲の人たちはそれをリーダーの資質と見たのかもしれない。

以後今日まで、先輩たちを苦笑させ後輩たちに疎まれながらも、様々な世話役を押しつけられ、本人もその気になってやっている。

龍太郎がそこにいた

慶應義塾の日吉キャンパスは、東横線日吉駅のすぐ近くにある。駅の西側には、普通部。今は住宅街に囲まれているが、私が在籍していた当時は、関東ローム層のいわゆる赤土が至る所で目に付いた。

駅の西側、道を一本隔てて校門があり、イチョウ並木のなだらかな上り坂が続く。左側の敷地一帯には、校門の辺りからカマボコ兵舎が並んでいた。終戦直後に進駐してきた米軍兵の宿舎として建てられたものだが、その後長い平机や長椅子を入れ、大学の教室や食堂として使用されたのだ。

坂を登り切ったところに二棟、相似形の三階建て校舎が向かい合っている。右側が高校の校舎で、左側は大学の校舎である。校舎の表玄関には、ギリシャの神殿を思わせる巨大な石造りのエンタシス様の柱が、天井を支えるように四本立っている。ただし、当時は建物全体に、黒い塗料による太い線が何本か斜めに引かれていた。

太平洋戦争末期、日吉キャンパスは連合艦隊総司令部に接収されていた。黒い斜線は、米軍の爆撃を避けるための迷彩であった。

日吉キャンパスの地下には、地下壕が網の目のように張り巡らされている。終戦までの数カ月間、この地下壕に連合艦隊総司令部が置かれていたという。

坂の突き当たりには、現在、日吉記念館という多目的ホールがあるが、一九五六年当時はまだ建設されておらず、蝮谷と呼ばれる窪地となっており、体育会の道場などの施設があった。その名の通り、この谷にはかつてマムシが多数生息していたらしいが、被害に遭ったという話は聞かない。しかし、谷のあちこちには地下壕の出入り口があり、中を覗くといかにも魑魅《ちみ》魍《もう》魎《りょう》が潜んでいるような雰囲気であった。

三年間通った高校の裏手には、通称イタリア半島と呼ばれる高台が続いている。現在は理工学部のキャンパス（かつての寄宿舎の建物）があるが、当時は散歩道となっていた。突端にちょっとした広場があり、鉄製の台座に太い材木が差し込んであった。

初めて見たときは一体これは何だろうと思ったが、やがて謎が解けた。米軍機を迎撃する高射砲だったのである。材木の高射砲で飛行機が撃てるわけはない。戦争末期、いかに日本が武器・物資に不足していたかが窺える。

私は真新しい帽子に詰め襟の制服を着て、ダラダラ坂を歩いていた。慶應の帽子は、早稲田の角帽・通称座布団帽に対し、アンパン帽と呼ばれていた。天辺がフンワリと丸くなっているのだ。その形は正直なところ、学生たちには評判が良くなかった。体育会系の学生やちょっと意気がった連中は、帽子の天辺にポマードを塗り付けたり、なかには油で揚げたりして四角い形に変形させて被っていた。詰め襟は、他の学校の制服に比べると低く作られていた。他の大学、例えば国士館の制服に比べると、半分ほどの高さもなかったと思う。この高さなら、前のホックを外さなくとも着苦しさを感じないで済む。

イチョウ並木は、若々しい学生たちでうずまっていた。

一九五六年四月のことである。

私は法学部政治学科に進学した。といって政治家を目指そうと思ったわけではない。心の中では、慶應義塾山岳部政治学科に所属したと考えていた。

山に登りたい。高校時代に四人もの仲間、二人の先輩を失った私の出した結論がそれだった。ただ、そのための時間が欲しい。政治学科はカリキュラム構成上、山にかける時間が取りやすかったのだ。

オリエンテーションやガイダンスを受けているうちに、ある学生のことが気になった。

小柄で細身だが、服の上から見ても鍛えた体であることが分かる。

ハンサムである。凛《りん》とした目元が素晴らしい。身のこなしもスマートだ。そのあたり内部進学者の雰囲気を湛えているが、私の知る限り高校で見た顔ではない。あるいは志木高校の出身だろうか。慶應には日吉の他に、埼玉県志木に高校があった。当初は農業高校を名乗っていたが、普通高校となった。

ある日の帰り、私は彼に声を掛けた。

私は山男である。夏も冬も陽を浴びて真っ黒だ。加えて高校最後の春休み、三人の仲間と四国一周無銭旅行を試みた。周遊券と最小限の金を持つだけ。

公園、浜辺、寺院の境内、駅の待合室で、シュラフにくるまって寝る。食べ物は、登山に携行する食料で充分。それでも旨いものが食いたくなると、縁者、先輩を訪ねる。慶應の先輩たちは、後輩の面倒を良く見てくれることで知られている。現在こそ塾そのものがマンモス化しているが、かつてはこぢんまりとした規模で、当時は年間の卒業生の数も早稲田の十分の一くらいのものだった。それだけに、後輩を懐かしく思い、大事にしてくれたのだろう。

その伝統は、私たちの世代にまだ引き継がれている。塾の出身者であると聞くと、仲間意識が沸いてくる。嫌な奴と思っても、その思いがたちまちなくなる。

かつて早慶戦に勝った夜、慶應の学生は赤坂や銀座に繰り出したものだ。新宿、高田馬場は早稲田の巣だからほとんど近寄らない。当夜、銀座や赤坂を歩いていると、青、赤、青の三色の小旗や、メガホンを持っている若者と出会う。慶應の学生だ。

「おめでとう。一杯付き合え。ご馳走するよ」

彼らをビヤホールやレストランへ引き連れていく。先輩冥利というのか、学生気分に戻れるというのか、楽しい一時だった。今、そういった習慣や後輩たちとの交流の機会が減ったのは残念なことに思うが、ある後輩が言ったことがある。

「私たちの世代には、先輩、後輩の関係を疎ましく思う者が少なくないですよ」

時代の流れなのかもしれない。

話を戻そう。

四国一周のお陰で、私は黒さに黒さを重ねたような顔色をしている。

声も低めで、ドスが利いている。山をやっていれば、そうなってしまうのだ。

声を掛けられた男は、きつい目で私を見上げた。

「君は？」

「川田。山岳部に入っている」

「山岳部かぁ。失礼、僕は橋本というんだけど」

男の顔に人懐こそうな笑顔が浮かんだ。

橋本龍太郎との出会いであった。

父、龍伍も瞬間入学

橋本龍太郎は一九三七年七月二十九日、大蔵官僚であった父・龍伍の長男として生まれた。実母は、龍太郎が三歳半の時死去、しばらく祖母に育てられたが、七歳の時、龍伍が政友会幹事長・若宮貞夫の四女・正さんと結婚、正さんが新しい母として龍太郎を育てた。

龍太郎が十一歳の時、正さんは次男・大二郎を生んだ。大二郎はＮＨＫ記者から転身、現在三期目の高知県知事を務めている。

龍太郎は麻布中学に入学、麻布高校へと進む。麻布高校は現在、武蔵・開成と並ぶ東大進学の御三家といわれているが、かつては慶應義塾に進んだフランキー堺さん、早稲田に進んだ小沢昭一さんら毛並みの変わった人物を生み出すことでも知られていた。

龍太郎と同クラスで仲良しだった安部直也君は、中学三年の頃から暴れん坊として知られるようになり、「卒業証書を発行するからどこか他の高校へ進学して下さい」と引導を渡された。やむなく彼は、父親の勤務先であるロンドンのラグビー高に入学したが、ここでも女子寮に忍び込むなどの不品行を重ねたため、放校処分を受けて帰国。臥薪嘗胆《がしんしょうたん》、慶應高校を受験し、合格した。ペンネーム・安部譲二、後の直木賞作家である。彼は受験のため一年遅れて入学し、ボクシング部に入部、私の幼稚舎時代からの友人で柔道部の主将・豊永勝君のボディガードを勝手に名乗るなど、硬派で売っていたが、いつの間にか慶應高校からも姿を消した。枠に収まり切れない人物だったのだろう。

麻布を放校された安部君を受け入れたことなどを例にとり、麻布と慶應を比較し、麻布の方がレベルが高いと思われる向きもあるだろうが、必ずしもそうではない。最近の中学の偏差値ランキングを見ても、麻布・開成・武蔵が偏差値72だが、慶應普通部も72。中等部の女子にいたっては73となっている。

要するに、慶應の場合は多くの生徒が受験勉強をせずに大学に進学するのに対し、麻布などの進学校は、受験勉強に明け暮れするという点が違うくらいなものである。

そういえば、こんな話もあった。慶應の看板学部は、理科系でいえば医学部ということになっている。慶應高校から医学部に進学できる枠は一学年九百余名のうち二十五名、三パーセントにも満たない。したがって競争は熾烈で、百点満点で平均点九十点を確保しないと難しいといわれている。体育も音楽も美術も、三年生の時から始まる独・仏の第二外国語も、すべての平均で九十点以上だ。

ある年のこと、医学部志望者が多かったため点数の争いが九十二点、九十三点のレベルに達したという。この争いに努力も空しく敗れ去ったひとりの男は、敢然、東大医学部の受験に挑戦、見事合格したという。慶應は私学であるし、医者の資格を学業成績のみで与えるというのにも疑問はあるが、学生の資質という点で慶應はどこにも引けを取らないとはいえるだろう。

龍太郎は慶應を受験した。

「麻布にいるからには、何がなんでも東大」という思いはなかったようだ。

その一つの理由を挙げれば、父・龍伍の存在があったのかもしれない。

若い頃、結核性腰髄カリエスを病み、完治はしたものの足が不自由となり、歩行の際には杖が必要であった。一方、学業は飛び抜けて優秀で、官僚の道を志望して東京帝国大学法学部への入学を希望したが、当時の東大は身体不自由者の受験を認めなかった。やむなく龍伍は、慶應の門をたたいた。慶應は成績のみならず、人格、人柄を重視する。かくて龍伍は慶應に入ったが、その事実を知って東大は急遽校則を変え、その翌年から身体不自由者の受験を認めることにし、その旨、龍伍に通知した。

結局、龍伍は慶應に三日間在籍しただけで、翌年東大に移っていったが、後々まで、自分を受け入れてくれた慶應義塾に感謝の念を抱き続けていたという。

「どうしても官僚になりたいというなら話は別だが、他の世界に進むのだったら、慶應に行ったらどうだ」

と、父は常日頃、龍太郎にアドバイスしていたのではなかったか。弟の大二郎も、慶應を選んでいるのだ。

では、龍太郎は慶応しか受験しなかったのだろうか。本人はおおっぴらには述べていないが、実は学習院も受験したそうだ。

面接で「他にどこか受験しているのか」と聞かれ、「慶應が本命です」と答えた。私学とはいえ、皇族のために創設された学習院の先生方のプライドをいたく傷つけたようで、結果は見事に不合格。

今も昔も橋龍という男は嘘がつけない。

高校の時の龍太郎は、もっぱら登山に明け暮れていた。

父・龍伍は肉体的ハンディを克服するために水泳を始め、息子たちを唖然とさせるほどの泳ぎぶりを見せたそうだが、同時に登山愛好者として、北・南・中央アルプスの峰のほとんどを、杖をつきながら踏破した。物心が付いた頃から龍太郎は、父親の山行に同行し、山の魅力に取り憑かれていったようだ。

彼はしばしば、山中で大学山岳部や同好会と遭遇したが、彼らの言動にすっかり幻滅したという。

上級生が下級生を叱咤する。いや、叱咤であればよいが、下級生を奴隷のように扱う。一番重い荷物を下級生に背負わせる。二年生も三年生も、四年生の召使いだ。四年生はほとんど荷物を持たず、軽やかな足取りで山を行き、後輩に足を揉ませたりしながら一服入れたりする。

ところが、一校だけ雰囲気の違う山岳部があった。リーダーとおぼしき者が山ほどの荷物を持つ。上級生が下級生の面倒を見る。甘やかせているわけではない。注意すべきところは注意し、叱るべき時には厳しく叱る。だが、くつろぐ時は一緒になってくつろぐ。どこの山岳部かと見ると、リュックにペンのマークが入っていた。

私が山岳部であることを名乗った時、龍太郎の顔に笑みが浮かんだのは、そんな理由からだったのだ。

「できれば山岳部、それも慶應の山岳部に入りかったんだ」

なのに、なぜ入らなかったのか。

母の正さんが、必死に懇願したのだという。

「あなたが山に行けば、私は心配で一睡もできなくなってしまいます。どうか山だけは、やめて」

思えば、龍太郎と同じ世代の慶應高校生が遭難した。龍太郎が慶應に入学したのは、その事件の記憶がまだ生々しく残っていた時だったのだ。

口には出さぬ父母の情愛

私は龍太郎の話を聞きながら、私自身の父母のことを思った。

私が山に登り始めてからこのかた、父母はいっさい私の行動に口を挟まなかった。しかし、口に出さなくても、彼らの深い気遣いは身に染みて感じていた。

一九五四年十一月二十八日の、丹沢遭難事件の後のことである。

相次いで四人の山仲間を失った私は、日々、鬱々とした時を過ごしていた。

いついかなる時でも、彼らのことが頭の中にこびりついていた。目をつむれば、友の笑顔が浮かび上がる。目を開けても、天井に彼らの姿が残像として残る。わが子の亡骸《なきがら》に手を差し伸べ、声にならぬ声をあげるお父さんお母さん、悲嘆に暮れる兄弟姉妹の姿が、私に取り憑いて離れない。

なんでこうなるのか。何が悪いのか。

山があるからいけないのか。山に憧れなければよかったのか。

自室で七転八倒、壁に頭を打ち付けうめき声をあげる。気が付けば、涙と鼻水で顔はぐちゃぐちゃであった。仲のよかった兄弟たちも恐れおののいて、私に寄り付かなくなってしまった。

仲間の初七日の日のことである。私は父に呼ばれた。

「行ってきなさい」

母が、封筒を差し出す。

「お花か、お線香を持っていきなさい」

正直なところ、私は逡巡していた。友の霊前に向かいたい。けれども、私の存在が友の家族にどのように受け取られるだろうか。同じ山岳部で、同じ場所にいたのにもかかわらず、仲間は死に、私は生きている。いかに心を許し合った友であっても、私が彼らの代役を務めることはできない。

いくら心を側に置きたくても、置くべき相手はこの世にいない。

そんな自分が、遺された人たちの心を癒すことができるのか。

父母は、私の苦しみ、葛藤《かっとう》を知っていてくれたのだ。その上で「行ってこい」と、声を掛けてくれたのである。

以後、四十九日、月命日、一周忌……。

私は折りあらば、亡き友、亡き仲間の家を訪れた。

その都度、父母は小さくうなずきながら、供物料と交通費を渡してくれた。

例え彼らの代わりが務まらなくても、時に家に戻るであろう彼らの魂と語り合えればいいではないか。友と語らう私の姿を、家族が眺めていてくれるだけでも、いいではないか。もし、私が彼らと同じ目に遭ったとしたら、父母は、私の友に訪ねてきてもらいたい、そんな思いを抱いていたのだろう。

山に行かせぬのも行かせるのも、親の思いの深さは同じである。

それこそ、体を張って龍太郎を押しとどめた正さん、ひとことも言わなかったわが両親。親の子を思う心、まさに「海よりも深く山よりも高し」、そして「無限に切なし」である。

龍太郎は後に、病に伏した正さんを手厚く看護した。政務の合間を縫って足しげく病院を訪れる龍太郎をマスコミが揶揄したこともあるが、親子の情愛に横槍を入れるのは、卑しい心根と言わねばならぬ。

丹沢遭難事故から四十七年、友の家族と私との交流はいまだに続いている。しかし、その後、北穂高岳、剣岳八ツ峰、中岳と、訪ねる家族がさらに増えていってしまったことは慙愧《ざんき》に堪えない。

死の直前の温もり

龍太郎は山を断念し、ひたすら剣道に打ち込んでいった。

日吉キャンパスの蝮谷にある道場を、たまに覗いてみる。

面をかぶり、胴着を着けていると、みな同じ姿で区別が付きにくいが、龍太郎はすぐに識別できた。

小柄な体を鞭のようにしならせながら、打ち込んでいく男が彼であった。

剣道のことは詳しくないが、上背のある者が竹刀を大上段に振りかぶれば、小兵はなかなか戦いにくいのではないだろうか。だが、龍太郎は躊躇しない。裂帛《れっぱく》の気合いを込めて、相手の懐に飛び込んでいく。

競技化した剣道は、真剣は無論、木刀も使わない。防具を着け、竹刀で打ち合うのだから、命のやり取りではない。したがって腕の上手の者は下手の者を余裕をもっていなし、あしらうことができる。実際、龍太郎は幾度も弾き跳ばされ、時には床に転がされてしまう。

しかし、竹刀でなく真剣であったなら勝負はどうなるか。少々の力量の差など、気迫で補うことができるのではないか。

龍太郎は気迫の塊、喧嘩殺法とでも言うべき太刀筋であった。

実際に喧嘩も強かったらしく。軽井沢で、その筋の連中を相手に大立回りを演じ、刃物で刺し傷を受けたこともある。今でもよく見ると、左目の下に傷が残っている。若い頃は、その傷が甘い顔立ちに精悍さを加えていた。

龍太郎は酒にも強かった。時には誘い合って飲みに行ったが、彼には歯が立たなかった。

当時、彼の父は大蔵官僚から衆議院議員となり、吉田・岸両内閣の閣僚を務めるなど、有力な政治家であったが、龍太郎は酒の席でも自分の出自を明かすことはなかった。

政治家にはいろいろなタイプもいるし、またその子息にも様々なタイプがいる。息子を甘やかして育て、その息子も無自覚に放埒《ほうらつ》な生活におぼれてしまうというケースをしばしば見聞きするが、そういう点でも龍太郎は抑制の利いた学生であった。

一方の私は、ひたすら山に登っていた。

一年三百六十五日のうち、半分以上は山で暮らしていたと言ってよいだろう。

闇雲、意地……、そんな言葉が当たっていたかもしれない。

キャンパスに戻った時は、可能な限り授業に出席し勉強した。一、二年で取れるだけ取れる単位を取り、山で過ごす時間を増やすためである。

三年からの専門課程に入っても生活のパターンは変わらなかった。山とキャンパス、そして折を見て、亡友の家を訪ねたり、墓参りをしていた。

その年、一九五八年七月のことであった。

山岳部は、剣岳・真砂沢で夏期合宿を行なった。

参加者は、高校生を含め、総勢五十八人。

七月二十八日、私たちは幾つものパーティに分かれ、岩登りの訓練を開始した。

八峰の六峰Aフェースの岩場に取り付いたのは、四年の平塚泰一郎さんをリーダーとする平塚隊で、医学部二年の久富勝弥君、同じく二年の早川節雄君の三人であった。

岩登りは、ザイルで体を固定し、他のメンバーがザイルを確保し、安全を確認した上で岩場にピトン（鉄釘）を打ち込み、カラビナ（ザイルを確保する鉄の輪）をピトンに通し、一歩一歩登っていく。ピトンは前の登攀者が打ち込んでいったものがあればハンマーでさらに打ち込んでその強度を確保し、再使用する。

トップの位置にあった久富君は、七、八メートル登った位置に既に打ってあったピトンを見つけた。下にいた平塚リーダーがハンマーで打ち込むように指示したが、久富君は「まだ新しいや」と言い、カラビナを引っ掛け、引っ張って強度を確認した。

そして左上方に登ろうとした瞬間、ピトンが飛び、「アッ！」という声と共に、久富君が、平塚さんらの下方七、八メートルに転落、岩に激突した。

この時、隣の岩稜を登っていた私は、早川君の知らせでただちに現場に向かった。

久富君は顔面から岩に激突したらしく、左前頭部と鼻のあたりが陥没していた。意識はなく、呼吸も止まっていた。

私は、メンバーが救援を求めにいっている間、久富君の体を胸に抱え続けていた。久富君の体から、徐々に体温が奪われていく。直接、人の死を肌で感じるのは初めてのことであった。

私は久富君の遭難報告を作成するように命じられた。三日後にできた報告書が手元にある。三十ページあまりのガリ版刷りである。

中に、久富君の損傷した体の部位を書き留めた図が何点か入っている。当時、必死で描いた図だが、改めて見直しながら、失われ行く久富君の温もりを思い出した。

九州から上京、難関の医学部に合格し、ハードな学業の傍ら山を愛した男。今、この世にあれば、優れた医業を成し遂げていただろうに。

第三章　それでも私は山に向かった

痛恨の雪崩事故

「それでも、山に行くのか」

と問い、訝《いぶか》しげに見つめる龍太郎や学友たちに、

「じゃあな」

と言い残し、奥穂高を目指したのはその年、一九五八年の十二月であった。

それぞれの目標を設定した隊が四隊。そのうち槍ヶ岳と奥穂高を往復する隊のメンバーは四年の八鍬貞悦さんをリーダーに、同じく四年の酒井信男さん、平塚泰一郎さん、高森（後に深川）安明さん、三年の私、二年の早川節雄君、同じく金窪欧二君、一年の吉澤誠敏君の八名であった。

十二月十三日。私たちは中岳の南側斜面にいた。空は晴れ上がっていたが三、四メートルの

積雪があり、しかも強風が雪を巻き上げ、前進することが難しかった。

私たちは頂上の下、三メートルのあたりに雪洞を掘り、ビバークすることにした。

雪質が締まっていたので、鋸で雪をブロック状に切り出して積み上げ、作業が終了した。南岳方面の稜線は風が強く雪が舞っているが、私たちの所は比較的穏やかであった。

その時、突然、足元の雪がズズッと滑り出し、私は横倒しになり、ついで視界が真っ白になった。気が付いた時、雪洞から三百メートルほど下のコルの平坦部の雪の上に放り出されていた。

私は大声で仲間たちの名を呼びながら、辺りを見回した。

私の二メートルほど上方に、高森さんが首だけ出して寝た状態で雪に埋もれていた。這い寄って雪から掘り出す。

リーダーの八鍬さんは、私の位置から五メートルほど下で、下半身が埋まっていたが自力で這い出した。

金窪君は、八鍬さんよりさらに三メートルほど下の斜面に顔だけ出した状態でいた。意識ははっきりしている。後輩として私の後を追い、山岳部に入ってきた男だ。

「ちょっと待ってろ!」と命じ、私たち三人は雪面を這いずり、歩き回り、金窪君よりひどい状況に置かれているはずの残り四人の仲間を探した。

しかし、だれの姿も見えず、声もしない。ただ冷え冷えとした虎落笛が聞こえるのみ。

私たちは金窪君のもとに戻り、四十分かけてやっと掘り出した。スコップやピッケルはみな流されてしまい、手で掘るしかなかったのだ。

　金窪君を含め私たちは、軽い打ち身、擦り傷ですんだ。気を取り直し、四人の捜索にあたる。途中で見つけた一本の鋸だけが頼りだ。その鋸を雪の中に突き刺していく。

　一時間後、鋸《のこぎり》の刃にオーバーシューズが引っ掛かった。平塚さんの物だ。私たちはしゃにむに手で雪を掘り起こす。

　平塚さんは足を上に逆立ちした状態で、埋まっていた。

　脈も呼吸もない。カンフルを五本心臓部に打ち、人工呼吸を二時間続けたが反応は一切なかった。

　平塚さんの遺体を岩陰に移し終えた時、時計は夕刻五時近くを指していた。

　私たちは中岳の頂上に戻り、テントを張り、今後の方針を話し合った。いち早く遭難を皆に知らせなければならないが、夜間の行動は極めて危険である。

　翌十二月十四日。朝六時四十五分にテントを出た私は上高地に向かった。およそ一時間で肩の小屋に着き、遭難の概略を書き記した。他のパーティが小屋を訪ねて来るかもしれないと考えたからだ。メモを読んだら、必ず救援に駆け付ける。それが山の掟《おきて》だ。

　十二時五十分、横尾を通過、午後三時に徳沢を経て上高地に着いたのは五時五十分であった。

　八鍬さんたちは捜索に専念し、酒井さんの遺体を発見した。雪中一メートルのところに埋まっていた。

　十五日は風雪が激しく、捜索は中止せざるを得なかった。私の連絡を受けた第一次捜索隊が十六日に駆け付け、さらに続々と捜索隊が山に入り、十七日、早川君、吉澤君の遺体が相次いで発見された。

雪崩事故の原因は何か

この雪崩はなぜ、起こったのか。山岳部は次のような総括を行なった。

「雪崩を誘発したのは、雪洞を作ったことであった。当時の積雪の状態は、根雪の上に多量の新雪が積もっていた。その新雪は粒子が細かく、締まっていて、雪の層もほとんど見られなかった。雪洞を作ったことにより、この新雪と根雪という異質な雪の接触面が滑り出した」

しかし、雪洞を作ったことが誤りであったかどうか、論の分かれるところであった。

というより、雪が滑り出したのは、これまで誰も経験せず、また予測もしなかったことなのだ。表層雪崩はよく起きる。だから私たちは、上方にほとんど雪が積もっていない中岳山頂直下でビバークしようとしたのだ。

季節によっては、板状雪崩もよく起きる。雪解け水が雪の底と岩との間に溜まり、底の雪ごとなだれ落ちるものだ。

しかし、この季節ではまず考えられないことである。

いずれにしても、私たちは雪崩に対する警戒心は常に持っていた。しかし、足元の新雪があたかも絨毯《じゅうたん》を引っ張るような形でずれるという雪崩は、当時、聞いたこともなかったのである。今日に至るまで、少なくとも日本の登山家でこのタイプの雪崩を体験した者は皆無である。また、斜面の新雪に雪洞を掘るという発想は当時の常識にはなく、そして今もない。

同時に不運が重なった。雪洞を作るために切り出したブロック状の雪塊が、新雪とともに崩れ落ちたのだ。

新雪だけの雪崩、表層雪崩ならば、襲われた時にひたすら体をゴムマリのように丸め、頭を手でしっかりとガードして耐えれば雪面に這い出せることもあり得る。

生き残った者は、おそらくそうしたはずである。いや、犠牲になった四人もそうしたに違いない。ただ不運なことに彼らは、雪洞を掘るときに切り出したブロック状の雪塊にぶつかったり、挟まれたりして動きが取れなくなってしまったと思われる。逆様になって埋まってしまった平塚さんは、その典型といえよう。

この遭難は、山岳部や塾関係者にとって痛恨の極みであったが、それ以上に世の多くの人々に衝撃を与え、同時に痛烈な批判を浴びた。

なぜ、かくも慶應山岳部は、遭難事故を繰り返すのか。

「甘ちゃんの慶應ボーイだからだ」

こういった表面的な批判も、私たちは甘んじて受け入れなければならなかった。

山を目指すものの志や、気構えを説いても、言い訳以上のものにならない。

そんな中で、私の行動に焦点を当てるマスコミもあった。

冬の中岳から上高地までを十一時間、しかも単独で歩き切ったのは尋常ではないというのだ。今、自分自身で振り返ってみても、あの時、自分を衝き動かしたエネルギーを恐ろしく思う。

しかし、それがどうだというのだ。四人の命を助けることができたのか。

東京に戻った私は、我が身を呪《のろ》った。高校時代から合わせて十一人の仲間が死に、私は生き残っている。

「幸運」という表現もあるだろう。「悪運の強い奴」と言う人もいた。

しかし、みなが言いたい本当の言葉は、「あいつは死に神」ではないか。

もう山岳部をやめてしまおう。いや、やめるべきだ。

キャンパスに行くと、しきりに龍太郎に会いたくなった。山を志し、山を断念した男である。私の話に耳を貸してくれるだろう。

思いの丈を話し終えた時、龍太郎は、

「それで、川チン」

と言った。

いつの間にか彼は私を幼稚舎時代からの渾名で呼び、私は彼を「龍太郎」と呼んでいた。

「お前はやめるのかい」

彼の顔にチラリとシニカルな色が走ったように思え、私は口をつぐんだ。

それから、一年後のことである。

「それでも山に行くのか」

かつて口にした言葉を、龍太郎はもう一度、呟いた。

生き残り者の決断

一九六〇年三月二十三日、慶應義塾大学の卒業式が行なわれた。幼稚舎、普通部、高校、大学と十六年間にわたる、私の学生生活に終止符を打つ日である。

しかし、その時、式場に私の姿はなかった。私がいたのはインドのカルカッタ。灼熱の太陽の下にいたのである。

三年の初冬に起きた中岳の雪崩遭難で九死に一生を得た私は、苦悩の坩堝《るつぼ》にはまっていた。

過去、私は五度重大な山岳事故に遭遇したが、そのうちの四回までは直接の当事者ではなかった。ザイルでつなぎ合ったパートナーが遭難したわけでもない。事故をいち早く知る位置にいたことはあったが、その瞬間を直視していたことはない。

そう言われたくも言いたくもないし、多少の誤解を招くこともあるだろうが、いずれの事故も客観的に見れば「他人事」ということになる。しかし、そのことが、別の意味で私の心を揺すった。

「もし、俺が当事者だったら」という思いが、どうしても心の中で蠢《うごめ》くのだ。

例えば五四年の丹沢遭難である。当日、天候は荒れ模様であった。表から丹沢に入ろうと考えていた私たちの隊は入り口の新芽の沢で踵《きびす》を返した。

一方、遭難した隊は裏丹沢からの登行を決行した。彼らが出発した時刻は、私たちが表丹沢の入り口に到着した時刻より、二時間は早かった。天候の推移も多少は違っていたはずで、彼ない。

らの判断を批判することはできない。

だが「もし、俺がメンバーの一員だったら」と、臍《ほぞ》を噛むのだ。川センは「山の勘」という言葉をしばしば使われた。山の勘を省略すれば「山勘」ということになるが、その意味ではない。

人は経験と科学的知識、確実な情報を噛み合わせた上で行動を起こす。だが、それだけでは万全ではない。人間の五感を駆使し、行動の正確さを期そうとする。しかし、なおそれでも万全ではない。五感を超えた第六感が働く。それが「勘」である。では、それでパーフェクトか。そうではない。後は天命の世界だ。

山に入って、悪天候に見舞われる。行くも地獄、戻るも地獄。どちらの地獄を選ぶかといえば、戻りの地獄を選ぶべきだ。戻りの道は、少なくとも今来た道、今、状況を知ったばかりの道なのだ。私は下手ながら少々ゴルフをたしなむが、プロは「パットは、カップをオーバーするように打て」と言う。返しのパットは「今来た道」だからである。もっとも、ゴルフは命のやり取りに関わるスポーツではないから、譬えには向かないかもしれない。

この歯がゆさ無念さと、中岳の遭難で感じたものとは、明らかに違う。

雪崩に巻きこまれ、流された距離は先に述べたように約三百メートル。雪崩の早さが秒速三十メートルとすれば、約十秒の時間で到達する。その間、私は何を思い、何を見たのか。「俺は死ぬ！」あるいは「死んでなるものか！」と思ったか。いずれも嘘のような気がする。死の淵を覗いたのか。何も見えなかったというのが、本当のところだ。

気が付けば、雪面に、打ち捨てられるように転がっていた。最初に目に入ったのは、痛いぐらいに蒼《あお》く高い空であった。聞こえるのは、かさこそと耳元で崩れる雪の音、そして吹き抜ける風の音。茫然自失とは、あるいは長い昏睡から覚めた瞬間とは、こんな状態をいうのかもしれない。

雪渓を凄まじい勢いでころげ落ち、正気に戻るまでの十数秒間は、私にとって失われた時であった。

犠牲になった仲間たちにとっては、一体どんな「時」であったのだろうか。

私と同じように、何を思う間もなく、何も見ることとなく死の淵から墜ちていったのだろうか。それとも、死にたくないという思いに、声をふり絞り、死の淵を見上げながらこの世を去っていったのか。死んだ仲間たちの体験したことを「他人事」ではなく私の体験として共有したかったという思いが、日々募ったのだ。

山岳部は混乱していた。なぜ雪洞を掘ったのか、判断に誤りはなかったか……。

しかし、こういった論議は、仲間の死という事実の厳粛さを汚すまいという配慮の中で、結局のところ、リーダーやメンバーの「未熟であった」という、自責の念の表明で終わる。

山登りと死とは、常に隣り合わせにある。「一尺落ちれば大怪我、一丈落ちれば死」とは、よく言われることだ。その事実を知りながら山に登る。考えてみれば、自殺願望の群れがクライマーであるとも言えよう。あるいは、生きるために「死に向かう」という矛盾に満ちた存在とも言えるだろう。普通の人間から見れば、この異常感覚ともいえる世界に住む者は、最終的には、他人事でも自己の責任としてとらえざるを得ないのだ。

「あなたらのことはもう知らない。どうぞ、死ぬも生きるもご勝手に」

遭難のたびに迷惑をかける地元の人々の中には、そう思う人がいても当然だ。いや、手をわずらわせてしまった人だけではない。私の自宅の周辺の人は、こう囁き合っていただろう。

「川田さんの坊っちゃん、また、生き残ったのねえ」

キャンパスでも、私を見る目が違っているように思えた。

「あいつが、あの川田だよ」

今度こそ山をやめようと思った。

しかし、私が最後の最後に出した結論は、逆であった。

未踏峰ヒマルチュリ

一九五九年の夏、学生時代最後の夏山が終わる頃、部内では、先輩の山田二郎さんを中心とする人たちのヒマラヤ遠征の計画が現実味を帯びた話として語られるようになっていた。

これは、もともと慶應義塾創立百周年記念事業の一つとして企画されたものだ。百周年は一九五八年であるから、中岳遭難のために計画の進行は遅れたことになる。

「ヒマラヤ……」

私は三年、二年、一年から選択した部員と南アルプスの縦走を行なった。塩見岳、烏帽子岳、小河内岳、大日影山、板尾岳、前岳、中岳、赤石岳、兎岳、聖岳、上河内岳、易老岳、光岳まで、延々と続く三千メートル級の山々を縦走して、信濃俣を下り大井川に出る十二日間歩き通しの夏山を敢行した。この時、南アルプスの山々を見つめながら私はつぶやいた。

「やはり山に行かなければならない」

当時の心境を綴った文が『登高行』十七号（一九七四年度版）に掲載されている。

「……一度はすっぱりと山岳部をやめる決心をしたが、友を失うという苦悩と体験を十分に生かすことによって、これ以上尊い生命を落とす仲間がいなくなるように自らを鍛え、自らが模範となって行動し、下部部員を正しく導くことが『死んでいった仲間に対する最大の報いになる』と信じ、再び登ることに決めた」

富士山を始め三千メートル級の山しか体験のない私にとっては、ヒマラヤは、はるか至高の未知の世界ではある。しかし、少なくとも五千メートルの世界までは誰にも負けないという、自負心があった。

私は、折あるたびに山田さんの後を追い、有力なメンバーとされていた田辺寿さんに付きまとった。

「君には、まず、他にやることがあるだろう」

そうである。就職を決めなければならない。といっても、私の進路はほぼ決まっていた。山行を含めて、私の行動に何一つ制限を付けたことのない父が、「国策パルプに行け。話はついている」とひと言、言ったのだ。

父の経営する会社（といっても中小企業に毛が生えたようなものだが）は紙に関連した会社

であり、当然、製紙会社とも深い関係にある。入社試験に関しては、答案用紙に名前だけ書いてくれればよいといわれた。

その頃、私のもとには日本航空からも就職の勧誘が来ていた。日本航空は、いうならば当時の最先端企業であり、ナショナル・フラッグ・キャリアーと呼ばれる一国を代表する会社だ。私の気持ちは日本航空に大きく傾いていたが、父の言葉は、父の最初で最後の命令に思えた。ともかく受験はしよう。

私は言われた通り、答案用紙に名前だけ記入して帰ってきた。まもまく、内定の通知がきた。他にやることといえば、山の仲間のことである。高校二年の時から欠かさず続けていた亡き仲間たちの家や墓に参り、中岳で亡くなった仲間の一周忌に出席する。

そして、山だ。一般の体育会系の部では、そのスポーツのシーズンが終わる四年の後半には部活動の一線から身を引く定めになっているが、山岳部は卒業するまで、いや、卒業してからも、希望すれば一線で活動できる。私は冬山も春山も参加するつもりでいた。その延長線上に、ヒマラヤがあるのだ。

その頃、ヒマラヤ計画実現のために現地を踏査していた加藤喜一郎偵察隊長が帰国した。五六年、槇有恒さんが率いる遠征隊でマナスルに初登頂した加藤先輩の報告によると、「ダウラギリの二峰は困難。アンナプルナ二峰に関しては、英・印・ネパール合同隊に登山許可が下りた。しかし、ヒマルチュリの西面ならば大いに可能である」とのことであった。

三田のルーム（山岳部の部室）で、部員たちと冬山の計画を練っていた時、宮下秀樹さんが突然現われ、原田雅弘と私に「冬山参加を中止して、ヒマラヤ委員会を手伝うように」と言う。ヒマルチュリ遠征計画が軌道に乗ったのである。原田と私は、その日から神田に設置されたヒマラヤ委員会に雑用係として泊まり込みで詰めた。

心の中にはいろいろな思いが交錯していた。ヒマラヤの現地でも雑用係は必要なのか。東京での準備のためだけの雑用係なのだろうか。国内での下働きでも、遠征隊に貢献できる。しかし、やはりヒマラヤの地に足を踏み込みたい。

街には、ジングルベルのメロディーがけたたましく流れていた。あちこちにクリスマスケーキの叩き売りが始まっていた。

クリスマス・イブの帰途、私は山田隊長と国電（ＪＲ線）に乗り合わせた。家庭でなく、外でクリスマス気分を味わっていたであろう人たちの酒臭い息が充満していた。

山田さんが耳に口を寄せて言った。

「君をヒマルチュリに連れていく。国策パルプの方に了解を取っておいてくれ」

宙に舞い上がるとは、このことである。

年明けの三田のキャンパスで龍太郎に会った。彼は、呉羽紡績（後・東洋紡）に就職を決めていた。

「あのなあ、俺は卒業式に出られない」

「なんだ、単位が危ないのか」

これは冗談である。私は三年までに必要な単位をほとんど取ってあった。成績は、まともであった。体育会に所属している者の中では、上々の部と言えるだろう。

「ヒマラヤに行けることになったんだ」

龍太郎の目が一瞬大きくなった。

「良かったなあ。山をやり通してきた甲斐があったなあ」

奴が右手を差し出した。竹刀を握り続けた想像以上にごつい手、ザイルを握り締めた節くれだった手を、互いに握り締めた。

神々の白き峰

ヒマルチュリ遠征隊のメンバーは以下の通りであった。

隊長　山田二郎（三十六歳）第一次、第二次マナスル登山隊員　第一次マナスル登山では最高地点まで到達。学生時代、チーフ・リーダー。

宮下秀樹（二十八歳）食料・会計担当。五九年、ダウラギリ峰偵察隊員、帰途ヒマルチュリを偵察。学生時代、チーフ・リーダー。

田辺寿（二十八歳）装備担当。第一次ヒマルチュリ隊員。学生時代、チーフ・リーダー。

中沢公正（二十七歳）渉外担当。学生時代、チーフ・リーダー。

村田茂（二十七歳）装備担当。学生時代、リーダー。

高塩甡（三十歳）医療担当。第一次南極観測船「海鷹丸」医官。学生時代、リーダー。

大森弘一郎（二十五歳）無線担当。学生時代、リーダー。

原田雅弘（二十三歳）会計担当。文学部四年、山岳部リーダー。

川田善朗（二十二歳）食料担当。法学部四年、山岳部チーフ・リーダー。

また、毎日新聞から木村勝久さん（二十九歳）が写真・報道担当として参加した。彼は、五九年の第一次ヒマルチュリ登山隊のメンバーでもある。

みな日本の登山家のトップ・ランクにいる人であり、田辺、宮下、中沢さんは、私が普通部時代から、あれこれとお世話になり、しかも、私の良いところも悪いところも把握してくれている先輩である。加えて、常日頃行動を共にし、気心の知れた同期生原田がいる。

三月七日、田辺・中沢隊員が先発隊として羽田を出発。十四日に本隊がイギリス船イベリア号で神戸港を出港、香港に向かった。十七日香港到着、十八日空路でインド・カルカッタに向かう。

当時はジェット旅客機などはない。四発のプロペラ・エンジンのDC4での空の旅である。高い所といえば三千メートルを超える峰は幾つも登ったが、飛行機はその上を行く。私にしてみれば初めての体験であった。しかも、飛行機は空に浮き、足場がない。山で足場がなければ、お終いである。何やら頼りない動きを見せる飛行機に私は肝を冷やしながら思ったものだ。もし、日本航空に就職していたら、しばしば飛行機に搭乗することになっただろう。

就職せずに良かった。

十九日にカルカッタに到着。船便で送った装備などの到着を待ち、二十七日にネパール入国手続きなどを完了。空路でカトマンズに向かい、ヒマラヤの玄関ポカラに入ったのは三月三十一日であった。

眼前に、ヒマラヤ山系が広がっている。日の光の中で、白く、あるいは青く輝く氷の連なり、ところどころ黒々とした岩肌が露出している部分がある。峰の周りを川のようにうねり巡る白い帯は氷河であろう。

日本には万年雪は存在しない。したがって、万年雪が積もり重なり、氷となって流れる氷河はない。雪渓はあるが、アイゼンを弾ね返すほどの硬度と、底光のするような蒼みがかった氷はないのだ。

私は、その氷の上に立つことができるのだろうか。

ポカラで、シェルパ七人、高所用ポーター六人、ポーター百五十人、ネパール政府連絡官一人を加えた遠征隊は総勢百七十四人の大部隊に膨らんだ。

四月十一日、いよいよ出発である。といって、目の前に標高七八六四メートルのヒマルチュリが聳え立っているわけではない。しばらくは強烈な太陽の下、乾燥した道を歩き続けなくてはならない。私は本隊よりも先行して、いち早く進む。食料係であるからだ。

村落があれば鶏や卵、野菜などを買い込む。時にはヤク（牛の一種）を屠り、解体したり腸詰めを作ったりもする。今日のメニューは何にしようか。主婦というより、大きな店を任されたコックの心境である。

そうか、私を連れてきたのは、このためだったのか。

トップを切り、道を拓く

やがて、道は急峻になり、乾燥したガレからあちこちに水が流れるガレとなり、ザラメ雪、さらには固く締まった雪、氷河の突端となる。十九日、ムシ・コーラに到着した。

ベース・キャンプの設営地である。標高は四千メートル。すでにそこは日本には存在しない高さだ。空気が薄いのが分かる。見上げれば、西からダウラギリ（標高八一六七メートル・世界七位）、アンナプルナ（八〇九一メートル・十位）、マナスル（八一六三メートル・八位）の峰々、そしてヒマルチュリが聳え立つ。

はるか東にはエベレスト（八八四八メートル・一位）、カンチェンジュンガ（八五八六メートル・三位）などが位置するが、雲海の彼方である。世界には八千メートルを超える山が十六あり、標高七八六四メートルのヒマルチュリは二十三番目にランクされる。高さからいえば、大したことはないと思われる向きもいるかもしれない。しかし、「山高きが故に尊からず」、そして「山低きが故に易しからず」。

ヒマルチュリは、私たちが挑む前に多くの遠征隊を退けてきた。最初の挑戦は一九五〇年、著名な登山家ティルマンが率いる英国隊によって行なわれた。当時、ヒマラヤの八千メートル級の山は一つも登頂されていない。世界の登山家は何よりもまず八千メートル級の山の初登頂に挑むはずである。にもかかわらず、ヒマルチュリに英国隊が挑んだのは、それだけ挑戦欲を駆り立てる山であったからといえよう。英国隊は、ムシ・コーラ氷河を詰めていったが、前面に立ちはだかる大岩壁に退けられてしまった。

一九五四年、日本の第二次マナスル登山隊がガネッシュ・ヒマール峰登頂に失敗、ならばと、ヒマルチュリを目指した。しかし、彼らもまた大岩壁に突き当たり、登頂を断念。この時、英国隊もアタックしていたが、頂上直下の屏風のような氷壁に手も足も出なかった。

五五年、ケニアの遠征隊がティルマン隊と同じルートを攻めたが、六千メートル地点で隊員の一人が転落し断念。彼らの報告によると「そこから先のルートは、絶望的な尾根」。

五六年、日本山岳会が本格的にヒマルチュリ挑戦を決め、二人の偵察隊を送った。東面から登った偵察隊は、ルートが極めて長いこと、頂上直下に切り立った氷壁があることを確認。しかし「やってやれないことはない」という感触を得た。

五九年、日本山岳会は村木潤次郎さんを隊長、田辺寿さんを副隊長とする八人の遠征隊を組織、東尾根からの登頂を試みた。頂上までのルートは、マナスルの二倍に達する長さだった。遠征隊は、途中シェルパが死亡、テントの火災が起きるなどの不運に遭遇しながら頂上を狙ったが悪天候に阻まれ、頂上まであと四百五十メートルを残す地点で断念した。

ヒマルチュリの西面は、その山頂部分だけに視線を向ければ、なだらかな姿である。しかし、五千メートルから先には、鎌尾根と呼ばれる極めて細い尾根、ついで垂直に切り立つ二つの懸垂氷河（アイスドーム）、高さ百五十メートルに達する大氷壁が待ち構えている。どこから目指しても、登頂は困難を極める。多くの遠征隊が挫折したのも、無理からぬことである。

四月二十日の夜。私は、夜空を見上げた。満天に星が輝いていた。明日からいよいよ、登高が開始される。心も体も震える。武者震いとは、このことを言うのだろう。

二十一日、四九五〇メートル地点に荷物の集積キャンプを設営、第一キャンプAとした。「自信がある」と自負していた五千メートルの少し手前である。体調は万全だ。

二十三日。標高五三五〇メートルに第一キャンプBを設営。私たちは、キャンプAとBとの間を頻繁に行き来しながら、荷を上げる。頻繁に行き来することによって、体を高度に順応させるという意味があった。

それよりも、私は、常にトップを切らせてもらっていたことに心が高揚していた。

高校・大学山岳部の上級生の時は、リーダーとして全責任を背負い込まなければならないことが多かった。

メンバーのすべてに神経を配り、なおかつ計画を遂行しなければならない。したがって自らトップを切るのではなく、常にホールド役として、安全確保にエネルギーを費やしていた。

しかし、ヒマルチュリでは違った。私よりはるかに経験も知識も豊かな優れた先輩が、適格な指示を下してくれる。「川田、トップを引け」と言われれば、命じられたことを喜々として行なうことができるのだ。これほどリラックスした気分で山を味わうことは、初めてといってよかった。

シェルパの死を超えて

第一キャンプAから第二キャンプBまでは、尾根の下をトラバースして行かなければならない。そこで、鎌氷河と名付けた氷河の手前の標高五二〇〇メートルの地点に、AキャンプとB

キャンプを合わせ、正式な第一キャンプとした。

キャンプの前方には、鎌氷河が横たわっている。

その氷河の左手には、細く、なおかつ鎌のようにうねったラインを描く鎌尾根がある。氷河を真っ直ぐに突っ切ろうとすると、アイスドームが立ちはだかる。青光りというか、青に鉛色を混ぜた不気味な色の氷河を登るのは相当に難しい。いや、登ることができても、またその先に、もっと手強い懸垂氷河が待ち構えている。その氷河に時間とエネルギーを集中するためには鎌尾根にルートを作った方がよい。

私は田辺さんと共に、ルートを切り開いていった。突然、バリバリッという音が、上下からする。雷である。ピッケルがピリピリと鳴り、ジュラルミンの背負子《しょいこ》が帯電して、背中に痛みが走る。

雷がきたら、金属製の物を放り出せというのが、当時の平地での雷対策であった。その後の研究により「雷は金属だけに落ちるものではない、気紛れに何にでも落ちるものだ」と判明した。当時の山ではどうか。金属の物を放り出すわけにはいかなかった。ピッケルにしろスコップにしろアイゼンにしろ、放り出してしまってはその後の行動がとれず、確実に死を招く。雷に打たれるのとどちらを選択するかといえば、雷を選ぶしかない。下手な鉄砲を打つ雷様だっているだろうからだ。

とはいえ、怖いものは怖い。ひやひやしながら、それでも怖ける姿を見せまいとしながら、鎌というよりナイフの刃のような尾根を切り開いていく。

尾根の先は平らなステップ（第一ステップ）になっていた。深い雪が積もり、ラッセルしながら進んでいく。誰一人の足跡も記されていない純白の雪の上をラッセルするのは実に気持ちがよい。

四月二十七日、第二キャンプを第一ステップに設営した。標高は五六五〇メートルである。

五月三日のことだ。第一キャンプで、皆が寝静まっていた午前三時、突然、ドスンと大きな音がした。

何ごとか。テントを這い出すと、シェルパたちのテントの一つが氷塊に押しつぶされているではないか。前方の鎌氷河から崩れ落ちた氷が、何の予兆もなく飛来し、テントを直撃したのだ。

テントの中には四人のシェルパが寝ていたが、その一人、カジは直撃を受けて即死、パサン・ソナムが重傷を負った。隊は、深刻な空気に包まれた。

大事な命が奪われたのである。

人間の価値観とは何ぞや、人間の本質とは何ぞや。

四十年前の自分と今の我が身を比べても始まらないが、成功、名誉といった現実的評価も、人の死の前には何の価値も持たないというのが、当時の私たちの共通認識であった。こんなことが起きた以上、登頂を中止すべきではないのか。

その時、シェルパのリーダーは言った。

「氷塊が落ちてきたのは誰の責任でもない。私たちは、頂上を目指したい」

彼らが得るべき報酬によってのみ、仲間の死を贖《あがな》うことができるのである。私たちの大義がピュアリズムであれば、シェルパは、命を懸けて金を稼ぐのである。異なる目的を持ちながら、一つの目標に向かっていく。大量の人員物資を投入、キャンプを次々に設けては進んでいく極地法という登山システムは、矛盾を内包しつつ、ハーモナイズさせて行かなければならないのだ。

八十度の氷壁が立ちはだかる

第二キャンプを設置した第一ステップの前方には、長さ八十メートルにわたって、大きなアイスドームが立ちはだかっている。平均斜度は五十度ある。スキーの経験者なら五十度という角度がどれほどのものか分かるだろう。いや、一般のスキーヤーはこんな斜面には近寄りもしない。オリンピック選手、それも滑降のエキスパートにしか、こんな斜度を滑ることはできまい。上から見下ろせば絶壁である。下から見上げても、恐怖で足の辺りがゾワゾワとする。それも、雪が積もっていての話である。雪があれば、スキーのエッジを効かせることも、ストックを突き刺すこともできる。

アイスドームには、雪などはない。降雪があっても、青光りした氷にへばりつく余裕もなく、風に吹き飛ばされてしまうのだ。このアイスドームにルートを切り開かなければならない。私は、中沢さんとコンビを組んで氷に取り付く。ピッケルでステップを切る。

日本の山ならガシュッ、ガシュッという音とともに氷片が飛ぶ。しかし、ヒマラヤは違う。

ピッケルの先からキンキン、カンカンという音がする。金属、それもピッケルの切っ先と同じ硬度を持つ金属を叩いているようなものだ。しかも、幾度か力を込めて叩いてやっと氷が飛ぶ。割れたガラスのような鋭い断面の氷が、陽光にキラキラと輝いて飛び散る。

ピトンを打ち込むのも容易ではない。ピトンの頭から火花が散る。冷凍室の中で汗だくになって鍛冶屋の作業をやっているみたいなものである。

およそ八時間かかり、アイスドームをクリアし這い上がる。目の前には第二ステップと名付けた平坦な場所がある。第三キャンプの設営地だ。標高六一〇〇メートル。ついに六千メートルの壁も超えた。

しかし、喜びなどあらばこそ。私は、中沢さんと顔を見合わせた。目の前に、大氷壁が覆いかぶさるように切り立っているのだ。遠くから見ていたときはよもやこれほどの氷壁とは思わなかった。高さは百メートル余りだが、傾斜は八十度、つまり直角に近いのだ。

中沢さんと私に、宮下さんが加わってルートを開く。下を見ればそのまま数千メートル下のムシ・コーラまで一直線に転落してしまうように思える。

ザイルをピトンで固定し、氷壁を手で探りながら、一歩、いや半歩ずつ、じりじりと這い上がる。

「ヒマラヤは顎を氷に付けてみないと本当のことは分からない」と言う。顎を押しつけるどころか、顔面を擦りつけるようにして登りながら、それでも私にはヒマラヤの、そしてヒマルチュリの正体を知ることができないでいた。

登頂隊からはずれる

標高六八〇〇メートルの地にある第四キャンプ予定地に到達したのは、五月十九日であった。第三キャンプを設営してから、十日を経過していた。

私たちはその日、第四キャンプを設営せずに全員、第三キャンプに戻った。

夕食後、山田隊長が隊員全員を集めて、口を開いた。

「登頂隊員を発表する。第一次登頂隊は、田辺、原田の二名とする。第二次登頂隊は宮下、中沢の二名とする。川田はシェルパ三名とサポートしてくれ」

原田がエッといった表情で、私の顔を見た。

――常に先頭を切り、ルートを切り開いてきたお前が登るのではないのか。しかも、現役山岳部の代表はお前ではないか。

原田の目がそう語っている。

私は、その目を受け止めた。

――いいんだ。お前が登るんだ。

今、当時の自分の心の中を正確に思い出すことはできないが、登頂隊員の中に自分の名前がないことを知った私は、意外な思いと納得の思いを同時に味わったように思う。

考えてみれば、私が山に登りだしてからこのかた、ほとんどサポート役に徹していた。普通部でも高校でも、低学年の時から、仲間の後ろをガードしてきた。高学年になって、リーダー、そしてチーフ・リーダー（いわばキャプテン）となったが、山のリーダーは先頭を切って進むという存在ではない。あくまで背後から全体を見るという立場なのである。ヒマルチュリでトップを切ってこられたのは、学生時代と違って、山田隊長以下が完璧なバックアップ体制を取ってくれたからだ。

原田と私、学生時代を考えれば、原田がトップを行き、私がサポートするのはごく自然なことではないか。

山田隊長は、後に登攀記録に次のように記している。

「私は、健康状態について、医師としての高塩隊員の意見を徴したほかは、一切独自の判断と責任において、四人（の登頂隊員）を決定した」

最後の難関

第四キャンプの左側前方にウエスト・ピークと名付けられた標高七五五〇メートルの峰がある。その峰の下の大雪原に第五キャンプを設営することになっていた。そこからの稜線を登れば、頂上に登りやすいと思われたからだ。だが、この第五キャンプへのルートは、実際には危険極まりないものだった。至る所にクレパスが口を開いているのである。

既に夕刻が迫っており、リーダーの宮下さんと中沢さんは、翌日改めて別のルートを切り開こうという。私は、懇願した。

「あと一時間だけ、僕に時間を下さい！」

思えば、これはルール違反である。リーダー、先輩、二人の決定に背こうというのだ。宮下さんと中沢さんは、しばらくそっぽを向いて、口を閉ざしていた。様々な思いが彼らの心の中を巡っていただろう。

——ここまで川田は、若さと勢いでルートを切り開いてきた。苦難を喜びに変えて、ステップを切り斜面に取り付いてきた。なぜ、彼をそうさせるのか。彼に、山で死んだ十一人の仲間が魂が乗り移っているからだろう。その力をもう一度、信じてみよう。

二人の先輩は、そう考えたのかも知れない。

「よし、一時間だけだぞ」

私は、先頭に立った。クレパスをザイルを使って渡る。鋭い氷の歯で、ザイルが切れかかる。私たちは急遽カラビナを繋いで作った安全バンドも使った。

目の先に爪のような突起がある。

——この爪を登れば、ウエストピークの大雪原があるに違いない。

私の勘である。川センの言う山の勘が私を引っ張っていく。やっと爪にたどり着いた。一面のガスが風に流され、ガスの切れ目に大雪原の雄大な景色が開けた。

「やったな！」

二人の先輩の声が聞こえた。

標高七二〇〇メートルの第五キャンプから大雪原をラッセルして、第六キャンプへのルートを開く。高度差はわずか百メートル。クレパスもない大雪原だ。

――おい、七千メートルの雪だぞ。

私は自分に語りかけた。微細な氷、それこそ氷の結晶が一粒一粒舞い上がる。冬の大雪山のパウダー・スノーが、ぼたん雪に思えてしまう。

第六キャンプの予定地から頂上が望めた。一度斜面が下りになり、再び登りになる。難関といえば、頂上直下の十五メートルほどの花崗岩の壁だが、これをクリアするのは隊の誰にでもできるはずだ。

翌日、私たちは第六キャンプに向かった。登頂隊の田辺さんと原田には純粋に個人装備だけを持ってもらい、私と三人のシェルパが、第一次、第二次登頂隊の計六日分の食料、天幕一式、炊事用具、登攀用具、カメラ器材、その他を担ぐ。重量は合計八十キロに及ぶ。私たちの酸素ボンベなど完全装備をした上で、一人頭二十キロの荷物である。シェルパは「こんなに運ぶのか」と不満顔を見せたが、これが仕事だ。

第五キャンプをスタートしたところで、眩暈《めまい》がした。実は登頂隊のサポートを命じられ、第五キャンプに入った頃から、私は強烈な胃痛と頭痛を覚えていた。いわゆる高山病の兆しである。しかし、一晩寝れば治ると私は自分で決め込んでいた。

――何があっても俺は、田辺さんと原田を第六キャンプまで送り、この目で、ヒマルチュリの頂上を見てみたい。

しかし、体調は刻々悪化していく。医療担当の高塩さんには投薬を受けたが、症状を軽く偽っているのだから効果はない。夜、ムカムカとしてテントを這い出し、嘔吐した。月明かりの雪面が赤く染まった。私は、雪で喀血の跡を覆い隠した。

私の異変に気付いた山田隊長と高塩ドクターが、しきりに「無理をするな」と下のキャンプに降りるように勧めてくれたが、私は「大丈夫です」と、我を張らせてもらってきたのだ。

二人の隊員はひたすら前方を見て登っていく。せめてシェルパの前を行きたいが、足が上がらない。やむなく両手で足を交互に持ち上げて進む。

胃は焼け火箸で掻きまわされているように痛む。頭痛も強烈だ。頭蓋骨が割れ、その隙間から指を差し込まれているのではないかと思えるほどの痛さだ。

ウエストピークのコルに達した時、突然先行する両隊員の周辺を、黒服をまとい、銃を持った中国兵らしき群れが取り囲んだ。

「何をするんだ！」

私は大声を張り上げた。だが、声は私自身にも聞こえず、同時に中国兵の姿が掻き消えた。とうとう幻覚症状が出たのである。私は荷物ごと、あお向けに倒れた。金魚のように口をパクパクと開け、ボンベの酸素を吸い込む。一瞬、痛みが和らぐ。

両隊員が私の方に戻り、「荷物を少し渡せ」と言う。

「大丈夫。登頂隊は頂上だけに視線を向け、他のことは考えないでくれ。サポートは俺の役目だ」

最後の最後で自分の役割を完遂できなければ、私が山をやってきた意味がない。

第六キャンプにたどり着いた。荷を背中から降ろした私は「確かにお届けしました」と声を張り上げ、次の瞬間、あお向けに倒れた。ゴーグルの中でうっすら開けた目に、陽光が燦々とふり注ぐ。視界が仏像の光背のような輪に囲まれる。私は目を閉じた。

どれほど経っただろうか。紅茶の匂いが鼻孔を刺激した。目を開けると、原田がカップを差し出していた。温かく甘い紅茶であった。少し人心地が着いた私は、立ち上がった。役目を果たした安堵感からか、胃の痛みも頭が割れるような感覚も弱まっていた。

「それじゃ、頑張って下さい」

手袋を外し、田辺さんの手を握った。

「頼むぞ」と原田の手を握った。

「うん」

彼の目が少し潤んでいるように思えた。

私はヒマルチュリの頂きをしばらくの間網膜に焼き付け、二人の登頂隊員に目で合図すると、踵を返し、第五キャンプへ降りていった。

不思議な感覚であった。山の男の本心を言えば、誰も足を踏み込んだことのない未踏峰に登りたい。それが許されなければ、二番目、三番目でもよいから登りたいはずだ。

だが、私の心の中には、そんな気持ちが掻き消えていた。

何という充足感、満足感……。私は一心に、来たルートに足跡を重ねていった。

第五キャンプまで、一度も後ろを振り返らなかった。

翌五月二十四日。それまでの風がやんだ。第一次登頂隊は、最後の関門である花崗岩の壁に取り付いた。ハーケンを打ち込むこともなく、岩の割れ目を手で掴みながら登りきった。

不思議な山頂の景色だったという。いくつもの小さな峰があって、どこが最高点であるか、判然としない。二人はそのすべてに足跡を記した上、最も高い地点と思しき峰に、慶應の塾旗とネパールの国旗を立てた。時に午後一時十分。

第二次登頂隊は二十五日午後二時十分、七八六四メートルの頂きに登った。強風にあおられ、塾旗は飛んでしまっていたので新たに旗をしっかりと結わえ付けてきたという。

六月二十四日。インド航空機で、ヒマルチュリ遠征隊は羽田に着いた。

学生で出発し、社会人として帰国した私は、責任と不安の新しい日々を迎えることになる。

第四章　名先達が教えてくれたこと

三カ月遅れの初出社

父と母が、玄関先に立っていた。

「ワイシャツの襟が飛び出しているわよ」と、母が直してくれた。山で暮らした男はフォーマルな格好は苦手だ。

「しかし、お前……。その顔は何とかならんもんかなあ」と、父が言う。

もとより日に焼けているところに、ヒマラヤ焼けが重なっている。ところどころに、かさぶたがあるのは、凍傷の跡だ。

七月一日。私は国策パルプ工業本社に出社した。

国電に乗ると、隣り合わせた乗客が何気なく私の顔を見、驚いて改めて視線を投げ掛ける。顔色を見て「何国人か」と、思ったのかも知れない。

有楽町駅を降りた。サラリーマンの群れの中を泳ぐように歩く。

「青い背広に心も軽く……」

歌の文句が浮かんできたが、心は軽くなかった。同期の連中は四月一日に出社しているから、三カ月遅れの初出社である。「ヒマラヤに登る」ために、出社を延期させてもらった。会社の仕事とはまったく関係ないから、私的な理由による欠勤だ。

登頂に成功したことは、大々的に報じられていた。しかし、初登頂者の中に私の名はない。登頂後、山田隊長に「お前は見事なシェルパだった」と労をねぎらわれたが、これは山の男にのみ通じる褒め言葉である。会社の女の子に尋ねられて「シェルパをやってきました」と言えば、「何、それ」と怪訝な顔をされる。「登頂隊をサポートしました」と言えば、「要するに、テッペンには行かなかったのね」と言われるだろう。

どんなツラ下げて、出社すればいいのだろうか。

人事部のドアを開け、私は大声で名乗りを上げた。

「新入社員の川田善朗、ただ今、出社しました!」

部屋の中がざわめき、女性社員のクスクスという笑いが聞こえた。

「無事に帰ってきたね。それじゃ、明日から早速仕事をしてもらう。君の配属は、旭川工場だ」

新人研修もヘチマもない。私はただちに北海道に飛び、旭川工場の独身寮「大雪寮」の住人となった。北海道には幾度か山行で訪れた。工場事務所の窓からは、大雪山の山並みが見える。

「山はやめた」と、ヒマルチュリの第六キャンプから降りながら心に決めた。

ベース・キャンプまでは高塩ドクターに、犬のようにザイルで繋がれ、転げ落ちてきた。皆に「なかなか、いい格好じゃないか」とからかわれ、「やめてくださいよ」と応じながらも、二カ月に及ぶヒマラヤでの生活が自分にとって最後の燃焼であったと思った。

しかし、山を味わった者は一種の中毒患者である。休日になると、体がうずく。

「そう言えば、大森さんは北海道だったっけ」

ヒマルチュリで一緒だった大森弘一郎さんは、北見パルプという会社に勤めていた。会いに行こうか。冬山の好きな大森さんのことだ。「一緒に、大雪にでも行かないか」と誘われるかもしれない。誘われたら、私の決心は揺らぎかねない……。

馘？　本社から帰還命令

旭川での勤務は、約二年で終わった。帰京し、本社に立ち寄ると「社長室に出頭せよ」という命を受けた。

一九六二年の八月のことである。何ごとだろうか。「君はわが社には必要ない」とでも言われるのだろうか。

似たようなことではあった。水野成夫社長がその前年、産業経済新聞社（現産経新聞社）社長を兼任、本腰をいれて再建に取り掛かられていた。

「ついては、専任秘書として新聞社に出向せよ」と命じられたのだ。

九月一日付けで、私は新聞社に移った。

水野社長はまことに気宇壮大、天馬空を翔けるごときスケールの大きい経済人として知られていた。その略歴を紹介しておこう。


明治三十二年、静岡県の農家の三男として生まれた。

大正十年、東大法学部に入学、東大新人会に加わり、社会主義運動に傾倒。

大正十三年、東大卒。関西に赴き、十三、夙川、西宮などを転々、牛乳配達、印刷工をしながら労働運動に加わる。一高時代からフランス文学の翻訳で学資を得ていたが、翻訳書の印税でうどん屋「桃太郎」を大阪に開店したのも、この頃である。

大正十四年、東京毎日新聞に入社、政治部記者となる。

大正十五年、野坂参三が主宰する産業労働調査所に入所。六月、正式に日本共産党に入党。

一九二七年（昭和二年）、コミンテルン日本代表として中国へ。密かに帰国後、関西地区の共産党地方委員会に潜入。生涯の友、南喜一と出合う。

一九二八年、共産党機関紙「赤旗」創刊、編集長となる。三月、逮捕されて奥多摩刑務所に収監、もっぱら旧約聖書を座右の書とする。

一九二九年、獄中にて転向を表明。共産党から除名される。

一九三〇年、四月、保釈。「日本共産党労働者派」を結成、地下活動を展開。

以後、一九三八年まで様々なペンネームでアナトール・フランス、モーパッサン、メリメ、モーロアなどの翻訳書を出版、組織を経済的に支える。

一九三八年、三月、憲兵隊に逮捕される。

一九三九年、保釈。『英国史』上下巻を白水社から刊行、大ベストセラーとなる。

一九四〇年、五月二十七日、南喜一の再生紙研究が実り、量産化のため大日本再生紙株式会社創立。初代社長・石倉己一、専務・南喜一、常務・水野成夫、監査役・宮島清次郎。

一九四二年、北海道勇払工場上棟式、社長・南喜一、専務・水野成夫となる。十一月、岩畔豪雄将軍に招かれ、シンガポールに渡る。

一九四三年、帰国。

一九四五年、四月、国策パルプ工業株式会社が日本再生紙工業を吸収合併、国策パルプ常務に就任。八月終戦。

一九四六年、国会議員への立候補を準備するが断念。代わって長兄・水野彦次郎（春雄）、静岡から立候補、当選。経済同友会の創設に力を注ぎ、幹事となる。桜田武、藤井丙午、今里広記、東海林武雄、郷司浩平、堀田庄三、鹿内信隆らが参加。

一九四九年、日経連理事。池田勇人を囲む「二黒会」を発足させる。メンバーに小林中、一万田尚登、白洲次郎ら。国策パルプ副社長に就任。

一九五〇年、経済安定本部経済復興審議会委員に就任。アナトール・フランス『神々は渇く』出版。

一九五一年、日経連常任理事。北海道電力監査役。株式会社産業会館ビル取締役。月刊誌「文藝春秋」誌上で小林一三と対談。

一九五四年、専売事業審議会委員。かねてから親交のあった、尾崎士郎、尾崎一雄と同人誌「風報」を創刊。

一九五五年、千代田紙業株式会社社長に就任。

一九五六年、株式会社文化放送社長に就任、再建に乗り出す。日本フィルハーモニー交響楽団理事長に就任。伊豆観光開発株式会社社長に就任。国策パルプ社長に就任。

一九五七年、経団連理事就任。日本電波塔取締役就任。フジテレビジョンの創設に加わり取締役社長に就任。

一九五八年、株式会社産業経済新聞社社長に就任。再建に乗り出す。

一九六〇年、八月、株式会社大阪新聞、株式会社日本工業新聞社社長に就任。十一月、国策パルプ会長。

一九六一年、四月、皇太子御結婚記念大噴水完成記念式典挙行。十月、産経新聞東京本社の十万部増紙達成。株式配当六分を決定。

一九六二年、二月、産経新聞をサンケイ新聞とカタカナ表記に改める。四月、産経新聞社、配当を八分に増額。八月、産経新聞社、フジテレビ、文化放送、ニッポン放送四社代表として、プロ野球球団「国鉄スワローズ」と業務提携。


私が専任秘書となったのは、この直後のことである。

スーパーマンの秘書として

水野さんが社長に就任された一九五八年当時、産業経済新聞は、朝日、毎日、読売に次ぐ部数を発行していたが、その経営状態は極めて厳しかった。産業経済新聞は政財界から日本資本主義の旗手としての役割を担わされていたが、時は戦後最大の不況、なべぞこ不景気の真っ直中。組合は総評傘下の新聞労連に加盟しており、労働条件や給与面に加えて、革命思想のもとで、経営陣と鋭く対立していた。

「この会社を立て直すには水野さんしかいない」と考えたのは、かねてから昵懇《じっこん》の経団連副会長（後に会長）で、ニッポン放送社長の植村甲午郎さんだった。

水野さんは一九五六年、文化放送の社長に就任するやたちまち赤字を黒字にするなど、経営の才の素晴らしさを見せられたが、それだけではない。かつては共産党で尖鋭的な活動をされ、機関紙「赤旗」の編集長でもあった。フランス文学に通暁し、大作家・尾崎士郎さんや尾崎一雄さんと同人誌を発行する文化人でもある。新聞社の社長にこれほど適任な人はいないと、植村さんは考えられたのだろう。

その後、社会状況は迷走を深めていく。六〇年一月、日米新安保が調印されたが、安保反対闘争が続き、六月の新安保発効時には国会突入を企てたデモ隊と警官隊が激突、東大生樺美智子さんが死亡、「声なき声」の支援を期待していた岸内閣が総辞職し、池田内閣が発足した。

十月には、浅沼稲次郎社会党委員長が党大会のさなか、右翼の少年に刺殺されるというショッキングな事件が起きた。

その同じ月、水野社長は労組と「平和維持協定」を締結した。国際紛争でもない、いわば身内の労使の間で「平和」という言葉が持ち出されるのも凄い話だが、その結果、組合は尖鋭的な新聞労連を脱会、それから二年後の六二年、産経新聞社は株式配当を八分に増額するほどに経営状況が改善されたのである。水野社長が、平和維持協定を結ぶ際の「先憂後楽」「信賞必罰」の言葉が、組合員に大きくアピールしたのだろう。

塾の大先輩で、藤山財閥の総帥であった藤山愛一郎さん（岸内閣外務大臣）は、政界入りする前には百以上の企業や団体の役職をお持ちだったという。水野社長も、前記の略歴に記載されたもの以外にも数え切れないほどの肩書きをお持ちになっておられた。

その仕事の補佐をするのが秘書だが、もちろんあらゆる面で、一人の秘書が対応できるはずもない。したがって、秘書軍団ともいうべき多数の秘書がおり、私はもっぱら産業経済新聞社に関する業務を担当していた。

しかし、その当時、水野社長が最も力を入れられていたのは、この新聞社の立て直しであり、概ね大手町の産経本社に出社されるし、様々な来客も訪れてこられる。

結局、私はあれもこれもと、コマネズミのように駆け回らなければならない。

応接室には、引きも切らず来客の姿があった。経済界関係の人はもちろん、政界、文化人、スポーツ界、そして右や左の思想関係者……、日本のありとあらゆる世界の人たちが訪れてくるのだ。

夜は夜で、ホテル、料亭などで、会合や宴席が続く。

「川田！」

「はい！」

「今日の宴席の手配は整っておるか」

「大丈夫だと思います」

「思いますだと」

「いえ、大丈夫です」

山岳部では「思う」とか「だろう」という言葉は禁句であった。確かでないことをそのままにしていれば、命にかかわる。水野社長の人間付き合いも、命を懸けておられた。客の好みに合わせて場所を設定、料理や酒の銘柄にも心を配り、土産が何であるかを確認する。

招いた客よりも必ず数分前には会場で待たれて丁重に迎えられ、客が帰られるときは玄関先ではなく、車のところまで見送りにいかれる。

人の出会いとは、茶道でいうところの「一期一会」であるという信念を抱かれていたのだ。だから、ご本人の分身であるべき秘書の失敗は許さない。かねてから、水野社長の秘書は二年しか持たないと囁かれていたが、なるほど。もし私が山岳部出身でなければ、半年と持たなかっただろう。

強打者・豊田との邂逅

二〇〇一年、ヤクルトスワローズは見事な戦いぶりを展開した。戦力的にはジャイアンツにはるかに劣りながらも、じわりじわりと巨人を追い上げ、気が付いたときには独走態勢に入っていた。終盤は追い上げられたものの、十月六日、若松ヤクルトは四年ぶり、六度目のリーグ優勝を決めた。巨人の大艦巨砲主義もよいが、ヤクルトの機動的な戦いぶりも素晴らしい。

若い方々はご存じないかも知れないが、ヤクルト球団の前身は、サンケイアトムズ、サンケイスワローズ、そしてその前は、国鉄スワローズである。

一九五〇年にプロ野球が二リーグ制になったとき、三公社五現業の一つ、日本国有鉄道、いわゆる国鉄が、プロ球団を結成した。

終戦間もない時代、国民は娯楽、スポーツに飢えていた。巨大な社員、従業員を抱える国鉄も社員の福利厚生と士気高揚のために、さらにいえば利益を見込んで球界に乗り出したのである。しかし思惑は外れた。なにしろ弱いのだ。一九五〇年はセ・リーグ七位（この年、セは八球団）、五一年は七球団中五位、六球団になった五三年は最下位。以降、最下位二回、Aクラスに顔をのぞかせることはなく、概ね四、五位が指定席という体たらくだ。

最近の阪神に比べればマシな成績とはいえ、人気選手も金田正一投手くらいなものであるから、球場には閑古鳥が啼く。補強をしたくても、国鉄の放漫会計が槍玉に上がり始めていた頃であるから資金がない。なんとかしてもらえないかと、水野社長のところに話が持ち込まれた。

六二年、水野社長はフジ・サンケイグループ四社の代表として、国鉄スワローズと業務提携したが、チームは一向に強くならないし人気も上がらない。

一体、何がいけないのか。チームの軸になる強打者、そして観客にアピールするスターがいないからではないか。

水野社長が、私を呼んだ。

ヘイヘイ、今度はいかなる難問でしょうかと心の中でつぶやきながら、御前に伺候する。

「君は、茨城弁をしゃべれるか」

「ハ？」

ちょっと痛いところを突かれた。幼稚舎から慶應一本槍、見掛けは「タイプ」ではないにしても、心はスマート、センスはダンディな慶應ボーイである。正確に言えば、社長秘書となってから身なりに神経を使うようになった。胸のポケットには、藤山大先輩にならって絹のハンカチだ。

ところが、父の実家は茨城県下館。疎開体験もあって、故郷を愛する気持ちは誰にも負けないが、一つだけ難をいえば、あの茨城弁である。疎開時代に身に付いたこともあって、聞くのはどうと言うこともないが、表立って話すのには少し、抵抗がある。

「今話せとおっしゃるのですか」

「そうじゃない。ただちに、福岡へ行ってくれ」

福岡と茨城弁がどういう関係にあるのか、さっぱり分からない。なにしろ相手は希代の頭脳をお持ちの方だから、思うところ縦横無尽で、追いついていくのが難しい。

「西鉄ライオンズに豊田というバッターがいるだろう」

ハタと、思い当たった。

豊田泰光。一九三五年生まれ。水戸商業出身で、五三年に西鉄に入団、その年、本塁打二十七本、打率二割八分一厘をマークして新人王を獲得。前年入団した中西太選手や、青バットで一世を風靡《ふうび》した大下弘選手らと、西鉄ライオンズの黄金時代を築いた。五六年には打率三割二分五厘一毛をマーク、首位打者となる。ただし、この際、少々因縁めいた話が生まれた。同僚中西が最終試合を前に、ホームラン、打点の二冠を確定、打率も三割二分四厘六毛と、豊田をわずか五毛の差に迫っていた。もし最終戦で中西選手がヒットを打ち、豊田選手がノーヒットに終われば首位の座は逆転し、中西選手は戦後初めての三冠王に輝く。

この時、三原脩監督が取った手段は、両者に対する最終戦出場禁止命令だ。二人とも試合に出なければ、中西の二冠、豊田の一冠が決定、互いに心穏やかにシーズンを終えることができるだろうという親心。誰に対する親心かというと、娘婿の中西選手に対してだろうと思われる。中西選手は、見る人によれば史上最高の長距離打者であり、また、優秀な頭脳の持ち主で、将来は野球界を引っ張っていく指導者の器ともいわれた。自分の娘を嫁がせるぐらいだから、三原監督はそのあたりも見抜いていたであろう。

とすれば、中西選手にはまだ三冠王になるチャンスは幾らでもあるし、豊田選手に一冠を譲れば、チーム内の融和が図れ、後々、女婿がチームを率いていく時もやりやすかろうという親心だったといわれる。

一方の豊田はどう考えたか。なにしろ、水戸っぽの典型である。剛直、熱血漢、曲がったことが大嫌い。タイトルを取るなら実力で取る。取れなければ実力がない証拠。人の情けは借りたくない……。

加えて三原監督の心の内が見え隠れする。彼の気分は甚だ面白くなかったと思われる。まもなく西鉄ライオンズの監督の座は、三原さんから中西選手に受け継がれ、中西選手はプレーイング・マネージャーとして指揮を執る。義理とはいえ、親子二代の監督継承は後にも先にも例がない。

硬骨漢、豊田の心境やいかに。

水野社長はこの男を「国鉄に連れてこい」というのだ。

私は「お易いことです」とは、言わなかった。だが、勝算は大ありだ。

下館から水戸線に乗って東に向かえば、水戸である。水戸から少し南に下ったところに大洗海岸がある。関東の人にとってはよく知られた海水浴場で、疎開時代に私もしばしば泳ぎに行った。大洗の旅館の子息に、石井藤吉郎という人物がいた。水戸商業から早稲田大学野球部で活躍、その後早稲田の監督になった大学野球界の大物だが、どういうわけか、私は子供の頃から知っている。豊田は高校時代、大学進学かプロ入りかで迷ったはず。とすれば、高校の大先輩である石井さんを知っていておかしくはない。そういう人脈はそれとして、相手は筋金入りの水戸っぽなら、こちらだって下館に十六代、東京で二代を重ねる元祖水戸っぽみたいなものだ。差しで話して、心が通じないわけはない。

私は福岡に飛び、豊田選手と接触を図った。相手は地方のチームとはいえ、熱狂的なファンの支持を受けているライオンズのスター、一方、こちらは産経新聞社社長専属秘書という名刺を持ってはいるが、野球人の知る世界の者ではない。

豊田選手はぎょろりとした目を向けて「何すか」と、ぶっきらぼうにいう。

だから、水戸っぽは、第一印象が悪いといわれるのだ、と心でぼやきながら、

「ここでは何ですから、中洲行きませんか」

中洲と聞いて、豊田選手の心が動いたようだ。何しろ酒好きである。女性だって嫌いではなかろう。博多の女は美人揃いで気っ風もいい。満州帰りの「馬賊芸者」だって、まだ現役でいた。

私たちは、中洲の町を梯子した。一軒、二軒、三軒……。そのうち、肩を組んで練り歩く。

翌日も中洲だった。

「あんた、力強そうだね」

「元山岳部です」

「腕相撲しようか」

「負けません」

「気に入った」

三日目もとことん、中洲の町を走る。

「ここは、俺が払う。無理すんな」

大スターが行くところは、裏町の焼き鳥屋ではない。加えて大スターには美女が群がるから、どこの店もお安くない。豊田選手は、私の財布を心配してくれたのだ。

だが、馬鹿にしてほしくはない。私だって、天下の水野成夫の鞄持ちだ。しかも、こと金遣いときたら、明晰な頭脳の存在など吹っ飛んでしまうほどの浪費家の社長の秘書だ。

もちろん、本人には浪費という感覚はないだろう。すべて有効な投資と考えている。酒を飲むのも、女性をはべらすのも、無駄遣いではない。

「私が払います」

数日後、豊田選手は言った。

「その節はよろしく」

私は、東京に帰った。

「話はつけました」

鞄に入れてあった領収書の束を社長の机の上に置く。

パラパラと束をめくりながら、水野社長は「ハッハッハ」と笑った。

豊田選手が国鉄入りしたのは、一九六三年のことである。

池田首相誕生で、門前市をなす

水野社長の略歴を続ける。

一九六三年、二月、日刊紙「サンケイスポーツ」を創刊。気象協会理事、日本航空顧問、日本体育協会財務委員に就任。明治神宮新球場を建設、神宮に寄付することを発表。サンウェーブ工業取締役会長など、数社の役員に就任。十二月、第三次池田内閣発足。

六四年、一月、サンケイバレー（現・琵琶湖ビッグバレー。名鉄経営）発足、取締役社長に就任。国際放映株式会社、日本国内航空、関西テレビ取締役、共同通信理事に相次いで就任。十一月、株式会社フジテレビジョン取締役会長に就任。

六五年、二月、サンケイバレー開場。四月、プロ野球球団「サンケイスワローズ」正式発足、代表となる。産経新聞社代表取締役会長、日本モテル会長に就任。

六三年に国鉄入りした豊田選手は、二十本塁打七十打点打率二割九分二厘、ベストテン九位の成績を残した。大活躍とはいえなかったが、主軸としてまずまずの活躍であった。その年の暮れ、第三次池田内閣が発足した。

池田勇人議員は一八九九年生まれ、京大卒。大蔵事務次官となった後、広島二区から衆議院議員に当選。当選の翌月、第三次吉田内閣の蔵相となる。五二年、第四次吉田内閣の通産相。この時、国会で「貧乏人は麦を食え」「ヤミで儲けた人が、五人や十人倒産してもやむを得ない」と食言し、閣僚不信任案が可決され、辞職。その後、自由党政調会長、党幹事長などを歴任。五六年、石橋内閣成立とともに再度蔵相。「千億減税、千億施策」などの積極財政を打ち出した。

第一次岸内閣でも蔵相、二次岸内閣では無任所相となるが、五八年、警察官職務執行法に反対して野に下る。その後、閣僚に復帰、六〇年、岸内閣総辞職の後を継いで池田内閣を樹立した。

水野社長を中心とする財界人はかねてから「二黒会」を組織、池田議員をバックアップしていた。思うに池田議員の経済政策が日本の成長に必要と考えていたからだが、同時に議員の率直な人柄に好感を抱いたのだろう。池田議員が位人臣を極めるに至り、水野社長の元に、政治家諸公の出入りが頻繁になる。

私は先生方の対応にも追われるようになったが、こういった人々の中には、独特の生臭さを感じさせる人もいて、好感を持てなかった。しかし、生臭さを感じさせるのはいわゆる陣笠クラスの人たちであり、大物、将来の大器と目される人は、真剣に日本の将来を案じておられた。私は折々、社長の脇で、これらの人たちの話を聞き、人柄を観察させてもらった。後年、このことが役に立つことになる。

六四年に建設を始めたサンケイバレーは、琵琶湖湖畔の山を切り開いた一大レジャーランドで、私は社長の命を受けてしばしば進行ぶりを見に行ったが、正直にいって、あまり筋の良い事業とは言えなかった。夏は琵琶湖、冬はスキーと四季のレジャーが楽しめるという触れ込みだったが、山の頂きに登るカァー・レーターなるものの開発が不調であったりと厄介なことが続いた。このカァー・レーターは、エスカレーターに乗客を乗せるキャビンを付けたようなもので、当時としては画期的なアイデアだったが、アイデアだけでは物は作れない。そんなこんなで予算、完成期日も大幅にオーバーしてしまった。

その後、このレジャー施設は売却されることになるが、事業家・水野社長の、数少ない失敗といえるだろう。

相次いで、盟友を失う

一九六四年十一月、突如、池田内閣が総辞職した。九月、池田首相は体の不調を感じ、国立がんセンターで入院検査を受けた。官邸からの公式発表は「前がん症状」、つまり、がんの前駆的状態だという。しかし、この発表は事実を糊塗しているに違いないと私には感じられた。山仲間や高校までのクラスメートで、医学部に行き、医者となった者は少なくなかった。

私は、その一人に電話を掛けた。

「前がん症状ってのは、何だ」

「そんな病名も症状もないよ」

「ということは?」

「がんそのもの。それも末期だろう」

症状を明らかにすれば、政界にさまざまな波紋が起こる。症状が死に直結するものと分かれば、当事者はすでに亡き者とされる。

山では「死ねば、遺体は物として扱われる」ことは既に述べた。

いち早く遺体を麓に下ろすためには、人体として扱ってはいられないのだ。搬送しやすいように梱包され、くくり付けられる。

「こんな格好ではさぞかし、痛かろう」などというセンチメンタリズムは、排除されなければならないのである。

急峻な崖、絶壁の上から遺体を下ろさなければならない時にはザイルでつり下げるが、それも難しい時、また、救援隊の身に危険が及ぶと思われる時は投下する。いかに完全に梱包しようと、遺体が痛まないわけはない。真に残酷だが、これが山の真実なのだ。

しかし、政界は違った意味で、より残酷だ。生きている時に既に「死に体」とされてしまうことも、しばしばだからである。

記憶に新しいところでは、安倍晋太郎さん、渡辺美智雄さんなど、いずれも死に至る病と知れたときから、過去の人、すなわち生きて鬼籍に入れられてしまった。

小渕元総理の場合は、逆の意味で残酷の極みといってよいだろう。軽い脳梗塞で入院し、当初は意識もあり、話もできたというのは本当であったろう。しかし、氏の場合は進行性の脳梗塞だったと思われる。加えて、治療にも「問題があったのではないか」と見る医師もいる。

梗塞の範囲を食い止めるために、血流を良くする薬剤を投与する場合もある。しかし、血流を良くした結果、脆くなっている脳の血管が破れてしまい出血する。脳梗塞が脳内出血に変じてしまうのだ。

ともあれ、小渕元総理の容体は、入院後まもなく容易ならざる事態に陥ったことは確かだ。

慌てたのは、いわゆる「五人組」と呼ばれる人たちだ。いち早く後継総裁＝後継総理を選ばなければならない。もはや延命処置しか施しようのない「生ける屍」を、国民に対して健在であるかのように思わせながら「演技」をさせる。小渕総理夫人が「これ以上、主人を苦しめないで下さい」と、延命処置の中止を懇願したというのは、本当だろう。

池田首相の場合は、「前がん症状」という摩訶不思議な病名を考え出すことによって、事後処理の時間を稼いだということになる。

総理をバックアップしていた水野社長は、いち早く正確な情報をキャッチした。日本の再建、新しい日本の建設を目指した盟友を早晩失うことを覚悟していた。

同じ年の二月、文豪・尾崎士郎が亡くなった。一九三八年に出会って以来、親交を深めていった水野社長の文学の友、というより心の友であった。

「やると思えばどこまでやるさ」と歌に謳われた不朽の名作『人生劇場』の著者尾崎さんは、早稲田大学在学中、学長選挙に端を発した「早稲田騒動」に加わったことで大学を除籍された。以後、社会主義者と交わるが、やがて文筆に専念する。思想的に近い位置にあったこともあるが、その人間性に水野社長は惹かれていたのだろう。尾崎さんの葬儀に私も同道したが、水野社長の落胆した姿が今も目に浮かぶ。

盟友一人死に、今また友を失わんとする。その寂寥感は、壁を隔てた秘書室にも伝わってきた。

十一月、池田内閣は総辞職し、佐藤栄作内閣が発足した。翌六五年八月、池田前首相死去。

享年六十七。

二年で専任秘書から追放

「川田、今日は暇か」

師走も押し詰まったある日、水野社長に声を掛けられた。

社長が暇であれば、私も暇である。

「飯に付き合わんか」

「はい」

プライベートに使っていた料理屋の一室で、向かい合った。

「まあ、一杯」

盃に酒を注いでくれた。

「君が俺のところに来て、どのくらい経つ？」

「はい。二年と三ヵ月になります」

「そうか、潮時だな。明日から、俺のところには来なくていいぞ」

水野社長の秘書は二年と持たないという話を思い出した。その二年を超えている。

「わかりました」

という声が喉に引っ掛かり、うわずった。

「馘《くび》じゃないぞ。君はよくやった。これから、一本立ちできるはずだ」

六二年九月、突然、私は別世界に放り込まれた。朝も夜もない過激な日々。世の中にこんな世界があるのか、こんな人がいるのか。驚きと発見、そして勉強の日々であった。

「政治家には秘書でもなれる。だが、君は一本独鈷で実業の世界へ行くといい」

私は十二月三十一日付けで産業経済新聞社を退社した。退職金は、わずかであった。国策パルプに二年余り、秘書として出向して二年余りであるから、わずかな退職金で当然であった。

しかし、私の銀行口座には二十五、六のサラリーマンとしては驚くほどの残高があった。秘書として、怪しげな金をため込んだわけではない。一日二十四時間の大部分を社長の側で過ごしていたのである。自分の給料を使う暇も場所もないのだ。

給料袋もボーナス袋も、封を切らずに家のテーブルの上に放り出していた。

「なにこれ。ちゃんと銀行に預けなさい」

母に言われて、銀行に持っていった。塵が積もって山となった。

山の仲間の会合に出る。体力自慢の連中だから二次会、三次会は当たり前である。

「おーい、誰か金を持っていないか」

現役もそうだが、OBもピーピーしていた。山には金が掛かるのである。山とすっぱり縁を切った私には余裕があるだろうと皆が思っている。実際、余裕があるから私が財布を出す。

ある大先輩に、相談を持ち掛けられた。

「新しい事業をしたいんだが、川田、少し投資してくれないか」

私は、預金の全額を引き下ろした。大先輩の事業は、見事に失敗に終わった。以後、その金の顔を再び見ることがないままに、大先輩はこの世を去った。これも勉強である。

「起きて半畳、寝て一畳。百万石も米一升」

人間、生きるのにどれほどのものが必要か。

天馬墜つ

その後の水野社長の軌跡を追っておきたい。


一九六六年、十月、サンケイスワローズを「サンケイアトムズ」と改称、取締役社長兼オーナー就任。

六七年、四月、関東経営者協会常務理事、十一月、東京セントラル美術館理事に就任。アポロン音楽工業株式会社取締役相談役に就任。

六八年、四月、胃潰瘍発病。七月、財団法人日本フィルハーモニー交響楽団評議員、彫刻の森美術館理事に就任。十一月、東京女子医大で胃潰瘍の手術を受ける。フジテレビジョン相談役、文化放送会長、産経新聞社相談役就任。

六九年、二月、プロ野球・セントラル・リーグ相談役就任。

七〇年、一月、生涯の友南喜一を失い、弔辞を述べる。五月、勲一等端宝章を受賞。


南喜一さんとは、一九二七年から四十三年に及ぶ付き合いであった。

南さんは一八九三年、石川県生まれ。生家は貧しく、職工、演歌師、車夫など転々と職を変えながら早稲田大学商科を卒業、小さな工場を起こした。関東大震災の折、実弟が社会主義者と間違われ、警察に惨殺されたのに怒り労働運動に身を投じ、日本共産党に入党。一九二八年、水野社長と共に三・一五事件で逮捕されたが、獄中で転向を宣言。その後、古新聞などの再生方法を研究し、四〇年に日本再生製紙工業を設立、実業界での南・水野コンビが誕生する。

四五年、国策パルプと合併。国策パルプ宮島清次郎社長のもと、常務、専務を経て、水野社長・南会長体制となる。またクロレラの研究でも知られ、ヤクルトの会長にも就任する。

いわば創意工夫の達人、興味の赴くままに生きた方だが、その関心が女性に向いたのは人生の後半であった。光文社から出された『ガマの聖談』という著書が大ヒットしたが、これは、氏の女性体験記というべきもので、男が読めば抱腹絶倒の後、コンプレックスに陥り、女性が読めば「まあ、失礼な」と思いつつも、著者にいたく関心を示す怪著だ。

南さんはしばしば水野社長のもとに現われ、談論風発……といっても、話題はもっぱら下半身に集中、その方面では人後に落ちない水野社長も辟易《へきえき》の体であった。

時に私にも話の矢が飛んできて、若輩者としては、ほうほうの体でその場を逃げ出すほかはなかったものだ。享年七十七。

その後の水野さんは、気落ちしたこともあったのだろうが、体調が悪化していく。

一九七一年、自宅で静養かたがた、政財界、文化人との旧交を温める。

七二年、五月四日、山王病院で肝硬変のため死去。従三位に叙せられる。同十日、築地本願寺で産経新聞社、フジテレビ、文化放送、山陽国策パルプ四社の合同葬儀社葬として盛大な葬儀が執り行なわれた。享年七十二。戒名は端厳院殿積徳密成大居士。

振り返ってみれば、実業家、芸術家、思想家、趣味人、そして政界の表のフィクサーと、水野社長ほど天馬のごとく広い世界を飛翔した人は稀有の存在であろう。若輩の私を含め、氏の薫陶《くんとう》を受けた人は数限りない。しかし、その晩年は必ずしも恵まれたとはいえない。

秘書を辞め他の世界に向かった私だが、しばしば呼び付けられ、ごくプライベートな指示や相談を受けた。そういった時、人間の裏表、人の世の無常をつくづく思わされたものである。

「水戸っぽ、豊田」の不運

「ヒゲソリあとに　ニヒリズムを漂わせ
素あわせの着流しで　あごをしゃくって風にあいさつ
それが又板についている　渡る橋は木の橋で
ぎぼしが五月雨に光る
くるりまわしたのは　借りてきた番傘
なじみのつばめに顔をのぞかせようか
『えい』と切りかかる相手が出てこないのが

ほっぺたに不服となって走り　くわえ楊子を　ぷいと吐きだせない
まのわるさに　大げさに舌打ちをする
似合いますぜ　刀は二本だろうって……
ご冗談でしょう　長いのが一本でさ」

これは、故サトウハチローさんの詩である。この詩の前説に固有名詞が出てくる。

「豊田泰光にチョンマゲをのせたいと思うのは僕だけだろうか」

そして、詩のタイトルは『向こう通るは豊田泰光』。

野球好きだったサトウハチローさんは、スラッガー豊田に素浪人のイメージを重ね合わせた。豊田さんは、少し斜に構えるところもあるが、内に秘められた魅力に、水野さんもぞっこんだった。水戸っぽには面白い特性がある。自分の信念を曲げないから、誤解を受けるし敵も多い。

水戸っぽの末裔である私だって、「お前には五十一人の味方と四十九人の敵がいる」と言われたことがある。その代わり「こいつはとことん信用できる」と思い込んだら命懸けである。

水野さんは静岡生まれであるから水戸っぽではないが、氏がそう思えば当然のことに、豊田さんは意気に感じて、水野さんに命懸けで尽くした。

水野さんには通称・四谷夫人と呼ばれた二号さんがいた。豊田さん夫妻は四谷夫人に可愛がられ、夫妻も四谷夫人を大恩人として仕え、水野さんが亡くなった後も一生懸命に世話をしていた。

ところが、四谷夫人が亡くなった途端、水野さんと四谷夫人との間にできた子息や親戚から「一切出入り禁止。連絡不用」と言い渡されてしまったのだ。

豊田さんは作詞家・吉田正さんとも、実に仲が好かった。吉田さんが急逝された後、豊田さん夫妻は未亡人のあらゆる相談に乗っていた。吉田正記念館設立に際しては、紆余曲折、すったもんだの果て、すべてのとりまとめを豊田さんがまかされてしまった。

「俺って、なんでこうなんかな」

と、ボソッと語ったことがある。

私はその時、ろくな返事をしなかったが、心の中に思っていたことはただ一つ。

「それが、水戸っぽというものでしょう」

全国野球振興会のお粗末

今から数年前のことだ。豊田さんから呼び出しを受けた。

「野球は今やオリンピック競技になって、アメリカ、韓国、台湾、キューバなどの野球先進国は、プロ球団から選手を参加させている。日本もプロ野球選手を参加させ、アマと一緒にプレーすることは、球界全体のためになると思うんだ。だが、日本のプロ野球界には、全体を包みこんだ正式な法人組織がないんだよなあ」

あるのは、引退した選手の親睦団体である「プロ野球ＯＢクラブ」と「名球界」だけである。

しかも、名球界は野手なら通算二千本安打、投手なら通算二百勝と入会基準が厳しく、まさしく名野球人しか入会できない。しかも、コマーシャリズムに毒されているという噂も聞く。

「で、なんとかちゃんとした組織を設立させたいんだよ」

プロ野球界にかつて在籍した選手は延べ五千人いるという。さらに、アンパイア、球団職員、グランドキーパー、ウグイス嬢まで入れると優に一万人は超えるだろう。

「そういう人たちもさ、みんな結集できる組織があるといいと思うんだけど、川田ちゃんはどう思う」

私は体育系の男である。スポーツ界が発展するには何が必要か、常々思いを馳せてきた。

プロにしろアマにしろ、日本のスポーツ界は、組織ということに関してあまり重きを置かない。底辺からトップまで、しっかりとした組織があってこそスポーツは盛んになる。

ところが日本の社会全体にスポーツは遊びという感覚があり、遊びは、いざという時、最初に切り捨てるべきものと考える人も少なくない。教育の世界では知育、徳育、体育が三本柱とされているが、最近の若い子たちの間にスポーツ離れの傾向が著しいという。

スポーツの実技など、特殊な学校を除けば、受験に関係ないということもあるだろう。野球、サッカー、ゴルフといった分野で活躍すれば経済的にも恵まれるが、そういう人はほんのひと握りだ。そしてそのひと握りのスポーツエリートになるには、かなりの経済的負担を強いられる。

これをカバーするには、底辺からトップまで、さらに現役を引退した人たちをフォローする組織が必要だろう。オリンピックや世界選手権を見ても、日本人の活躍は、言ってみれば散発的だ。時折、大活躍する選手が現われるにしても、継続性がない。

野球界でもことは深刻だ。イチローや大魔人、新庄らの大リーグでの活躍を毎日マスコミが報じているが、その分プロ野球の人気が低下してしまっている。

とりわけ球界の癌になっているのが、プロ・アマ問題だ。アマは綺麗事ばかりを言うし、プロは自分のことしか考えない。

私は豊田さんに全面的に協力すると約束した。一見取っ付きの悪い毒舌家だが、そういう男の心の中には、純粋な情熱が燃えたぎっているものである。

豊田さんが、一人の男を紹介してくれた。元南海、阪神のエースとして君臨した江本孟紀参議院議員である。十五年前の参議院議員選挙ではスポーツ立国を唱え百三十万を超える得票を得てトップ当選した。身長百八十八センチ、タレント風のマスクだが、根性は座っている。「プロ野球OBクラブ」を立ち上げ、引退選手の約八割をまとめ上げたのは、彼の功績といってよい。私たちは三人で手を組み、新しい法人組織作りに走り出した。

法人組織を立ち上げるのは、実は厄介な仕事である。現在、特殊法人問題が論議されているが、これは既得権益を得ている団体であり、新しい法人組織を作るためには役所をはじめ様々な壁をクリアしなければならない。私はあらゆる人間関係を探り、文部省（現・文部科学省）体育局に日参し、弁護士や会計士に相談を持ち掛け、申請書類を作成した。申請から六カ月後の一九九八年三月三十日に、ついに「社団法人全国野球振興会」が発足した。

この振興会には、任意団体である「プロ野球OBクラブ」がいずれ合流することが前提で、OBクラブの会長には大沢啓二さんに代わって広岡達朗さんが、振興会の理事長には大沢さんが横滑りし、就任した。OBクラブ副会長と振興会の常務理事には豊田さん、事務局長はOBクラブ事務局長の江本議員が引き受けた。

私は発起人の一人であったため、学識経験者の一人として振興会の理事となった。

まずは万全の体制で、振興会は順風満帆の船出に見えたが、突然嵐に出合う。会の運営方針がどうも明朗ではないという疑義を江本議員が唱えたのである。

振興会の性質上、各セクションでは球界のOBが活動している。その上に大沢、広岡という巨頭が君臨している。大沢さんは親分と呼ばれ、広岡さんはヤクルト、西武を率い、優勝を重ねた名監督である。加えて野球はトップ・ダウンのスポーツだから、ほかのOBはこの二人には頭が上がらない。そこに悪意があったかなかったかはともかく、二人の専横ぶりが目立ったのだ。ところが、江本議員は猛反撃を食う。

「国会議員が事務局長を務めて会を牛耳ろうとするのはフェアーじゃない。自分の選挙対策じゃないのか」

これには江本議員もカチンときた。そもそもOBクラブを立ち上げる時にも、その手の勘ぐりをされた。だからこそ、事務局長として裏方に徹してきた。経費をなるべく掛けないように、自分の秘書や知人をボランティアで動員してきたのだ。

江本議員は決断の早い人物である。まだやれるはずの現役を辞めたのはシーズンの半ばであった。もし、保身や策謀に生きようとするなら、ほかの方法もあったはずだ。「そこまで言うなら私は会と縁を切りましょう」と事務局長を辞任してしまった。彼の心の中に「軒を貸して母屋を取られた」という思いもあっただろう。だが、それよりも強いのは「べンチがアホやから、仕事でけへん」という怒りではなかったか。

事はこれだけでは収まらなかった。振興会の経理がぐちゃぐちゃになってしまったのだ。初年度はプラス、二年度はトントンだったが、三年度は大赤字である。

どこやらで「どんぶり勘定」がやらかされていた疑いが濃厚である。

豊田さんは法人の収入増加のために、全国の野球少年を対象としたバッティング技術のビデオ制作に取り組んだ。それも自費を供出してのことだ。

やれることをやって、振興会を助けるのは常務理事のノルマではないかと考えたのだろう。ビデオ完成を前にして、豊田さんはOBクラブと振興会両方の推薦を取り付けようとした。ところが、「それは金儲けのためではないか」「個人的な売名行為だ」といった猛烈な批判の声がまき上がったのである。

自費で作って、会の推薦で売る。売上は会の収入とする。そのどこが金儲けで売名行為なのだ。いまさら名前を売ってどうする。金なら腐るほどとは言わないが、困っているわけじゃない。水戸っぽ豊田さんの心中は想像できる。

そうこうするうちに、二〇〇一年三月、第三期終了振興会定期総会が開催された。常務理事の豊田さんは、体調を崩していたためやむなく欠席した。その直後に入院、手術をされたが、快気祝いが届いたのでほっとしている。

　第三年度の決算報告、新年度の事業計画、任期満了に伴う理事選出、理事長、副理事長など役付きの選任などが終了し、ひとまずはシャンシャンと手拍子と思いきや、突然、特別議案が提出された。内容は豊田さんのビデオ制作の件であった。

「こんな内容のビデオには、会としては推薦できない」というのだ。

　次いで「こんな内容」が「どんな内容」か分からないので、ビデオを上映してみようという議案が提案された。

　この時、私の心の中には不快な思いが募ってきていた。

　豊田さんはビデオ企画進行について振興会理事会に提案し、大沢理事長は理事会の決定として「企画の進行を承認、振興会として推薦した」という事実を知っていたからだ。既成の決定事項を、今頃になって騒ぐのか、なぜ事をこじらせようとするのかが分からない。

　振興会理事会の後、暫くして、突然、広岡OBクラブ会長が「あんなみっともないビデオを、OBクラブとしては推薦するわけにはいかない」と言い出した。みっともないかどうかは主観の問題である。第一、ビデオはバッティング技術に関するものだ。広岡さんは入団一年目の一九五四年こそ三割一分四厘をマークし新人王に輝いたが、それから以降バッターとしては伸びず、五八年に二割七分七厘でベストテン六位に顔を出したのが最高で、もっぱら守備の人として評価された選手だ。一方、豊田さんは、先に述べたように新人王、首位打者を獲得、ベストテンの常連でホームラン二十本以上を六回記録するなどスラッガーとして鳴らした。打撃の専門家はどちらかということになれば、広岡さんより豊田さんだろう。

ところが、広岡さんの発言で、困ったのは大沢理事長だ。この人物は立教時代、長嶋茂雄選手の二年先輩で、長島獲得作戦のために南海に採用されたとも言われる。

選手時代はこれといった実績を残せなかったが、日本ハムの監督として一度リーグ優勝を果たした。べらんめえ口調で親分と称されているが、私の見るところ「まあまあ」居士といったところだろう。「まあまあ居士」であるから、広岡さんの言に対しても「まあ、うまくやるから勘弁、ナ、ナッ」といった具合にお茶を濁そうとしたのではないか。

ところが、振興会の総会で広岡さんの取り巻きと思われる連中から「豊田ビデオ批判」が湧き起こったため、進退に窮した。そこで「俺は、この一件は今日の今日まで、全く知らなかった」と発言し、逃げの一手に出たのだ。

その瞬間、私の心の中で、メラメラと怒りが燃え上がった。

「ちょっと待っていただきたい。一方大沢さんは、広岡OBクラブ会長がビデオに異議を述べていることは、この私の耳にも届いている。こんな状況になっているとは一切知らなかったと言っている。一介の理事の私が知っているのに、理事長が知らぬ存ぜぬとは不可解だ。本人の欠席をよいことに豊田常任理事を排除しようという茶番ではないか。こんな会には出席している価値はない」

と、私は憤然と席を立った。

翌々日のことである。私の会社に振興会の新専務理事と新旧の事務局長が姿を見せ、

「総会で公然と理事長を非難するような人には辞表を書いてもらえ、と三役会で決議されたので……」

と辞表の提出を求められた。私は、

「辞めろと言うなら正式な理由を聞かせてほしい。辞めなければならない事実を明らかにせよ。どうしてもと言うなら、馘にしてくれて結構」

と言うと、三人はすごすごと退出していった。

さらに数日を経てのことである。一通の速達が舞い込んできた。

中には、次期理事就任承諾書と副理事長就任承諾書が、返信用の封筒と共に入っていた。文部科学省所管の社団法人であるから、事業計画、決算ならびに役員交替については年次ごとに所管官庁に届け出の義務がある。同時に理事は任命制であるから、本人の承諾書も必要なのだ。私はこの封筒を机の引き出しに放り込んだままである。辞めろと言いながら、承諾書を送り付けてくるとは何たる無定見、腰の定まらない組織なのだろうか。

私は後日、事の顚末《てんまつ》を江本議員に話した。彼はいわば豊田さんの盟友である。

議員は苦い笑いを浮かべて言った。

「野球界の親分は、後にも先にも鶴岡（一人）さんだけですよ」

スポーツ界はさわやかでスカッとした世界だと見られているし、そう思いたい。だが、実際はどうか。己の地位の保身にあくせくし、ドロドロとした欲を満たすために腐心する、醜い人たちがいるのである。そして、ひたすら野球を愛し、野球界の健全な発展を望んでいた人が排除されていく。球界の将来は暗澹たるものである。

と、この項を執筆中に江本議員のご尊父、ご逝去の知らせを受けた。九月二十六日、享年七十八。高知へ向かって合掌。

また、このところ、豊田さんには会っていない。ニッポン放送の中継で声を聞き、日本経済新聞のコラムを読むだけである。体調が万全になるまで声を掛けるのはやめようと思っている。ただ、彼のことだ。

「振興会設立に駆けずりまわってくれたあんたに、俺のことで迷惑をかけてしまった」と、悔やんでいるかもしれない。義理と人情に篤く、しかも両天秤にはかけられない律義な人なのである。

「豊田さん、水戸っぽは、喧嘩っぱやくていけません。あなたもそうだけど。それにあなたは、汚い水に住めない人です」

私は、そう呟きながら、出会いの頃のことを思い浮かべている。早く元気になって下さい。

希代の「桁外れ」経営者、早川種三

慶應義塾は「実学」の府と言われた。実学とは、江戸時代に始まった実用的な目的のための学問の総称と言ってよい。

江戸時代の学問と言えば『大学』『中庸』『論語』『孟子』の四書、『易経』『詩経』『書経』『春秋』『礼記』の五経を読破、理解することを第一としたが、そこには旧体制を維持する儒学の根本精神はあっても、近代文明に対するアプローチは皆無と言ってよかった。福沢先生は蘭学、ついで英語を学び、西欧を見聞したが、これはすべて実学を学ぶ道であった。慶應義塾から多くの経済人が輩出したというのも、実学を実践した結果である。

その経済人の中で、異色の人物といえば早川種三さんの名が挙げられる。山岳部の大先輩であるが、早川さんはそれ以上に塾とは深い縁がある。

早川さんには、二人の父親がおられた。実父と養父である。実父は早川智寛さんといい、養父は智寛さんの遠縁で、政次郎さんという。

政次郎さんは九州小倉藩士の子息で一八七四年に塾を卒業したが、福沢先生に愛され幼稚舎寄宿舎の幹事をするように命じられた。

幼稚舎はその前身を和田塾といい、和田義郎さんが塾長をされていたが、一八七四年幼稚舎となり、和田さんは幼稚舎舎長となられた。政次郎さんは当然のことに和田舎長とも親しく、あれこれと相談に乗られていたが、一八九二年、和田舎長が脳溢血で急逝された。その時、政次郎さんは、福沢先生の代理人として未亡人のサキさんと話し合い、和田塾の建物、備品など一切合切を二千円で買い上げた。清貧の士であった和田さんの未亡人は、大いに感謝されたという。

政次郎さんは和田舎長の亡きあと、舎長代理を務めておられたが、生徒が先生を殴るという事件が起き、その責任を取って一八九四年退職された。したがって、正式な舎長ではないが、幼稚舎の記録には、第二代舎長と記されている。

その後、政次郎さんは智寛さんを頼って仙台に移り住まれた。智寛さんは早川組という土建会社を設立、折からの鉄道敷設にかかわり、莫大な財を成し、仙台商工会議所会頭や米穀取引所理事長を務められ、さらには仙台市長に就任された。氏は、農業立国論者としても知られ、種三さんの名には「種を蒔く三男」という意味がこめられていた。

一方、政次郎さん夫婦には子供が授からず、政次郎さんが亡くなった後、種三さんは、智寛さんから「政次郎家の養子になり、家督を守るように」と命じられたが、断固拒否。「小糠三合あったら養子に行くな」という時代である。

しかし、未亡人が年老い、跡継ぎがいないと財産は国に没収されるということで、やむなく政次郎家に入った。種三さんは十八歳の時仙台から上京、慶應義塾に入学した。智寛さんと政次郎さんが福沢先生をいたく尊敬していたところから「大学へ行くなら、慶應」と言い渡されていたのだ。

二十歳の時、実父・智寛さんは子供たちに財産分与を行なったが、その金額は三十万円、今でいうなら三億円ほどであったという。

といっても、現金ではなく株券や土地であったらしいが、それらの配当や賃貸料で、月々二百円の収入があったそうだ。時は大正初期。大企業の重役の給料に相当する月収を、大学生が手にしたのだ。ここでその金を有効利用しようと考えたなら、早川さんには別な人生があっただろう。

しかし、彼はそんなケチなことは考えなかった。二百円を全額遊びに注ぎ込んだのである。

学生時代、氏が住んでいたところは四谷・荒木町。今はその面影がほとんど残っていないが、当時は花柳界のど真ん中、まことに遊び甲斐のある町だったのだ。おかげで時には二百円が月の半ばで消えてしまう。元本の株や土地にはさすがに手を出せないシステムになっていたらしく、早川さんはやむなく借金をする。その借金の穴埋めに窮してついにSOSの電報を智寛さんに打った。

「カネオクレ　オクラネバシヌ」

まもなく智寛さんから、封筒が届いた。早川さんはお茶屋で、遊び仲間の同級生を前に、「幾ら入っていると思う？　ウフフ」などと、にやけながら封を切ったら便箋が一枚、そこには「シネ」という二字のみが書かれていたという。

芸能界では「遊びは、芸の肥やし」と言うらしい。芸能界のみならず、いっとき遊びに熱中することは、人間形成に役立つかもしれない。ただし、何らかの人生の目的を持っていればの話だ。だが早川さんには、当時、これという目的がなかった。といって遊びも続けると飽きる。遊びの合間に山でも登ろうかと、山岳部に入ったらこれが面白い。山から帰ってくると、お茶屋に行く。こっちも、久し振りだと、燃える。

山とお茶屋を往復するばかりで、学校に行く暇がない。かくて、大学を卒業するのに十年かかったという。

一九二四年、理財科を卒業した早川さんは塗料販売の「紀屋」という会社を設立する一方、山の魅力抗しがたく、槙有恒さんらとカナダ・アルバータ山の初登頂に成功。日本登山史上初の海外遠征だったことから大々的に報道され、一躍ヒーローになった。その後、翻然として実業の世界を走り出す。

　一九三〇年、倒産した東京建鉄（後の日本建鉄）の管財人として、会社の整理・再建に努め常務となるが、四七年、公職追放。五〇年、朝比奈鉄工所の再建、五三年、日本建鉄の再建に成功、再建屋として高い評価を得た。以後、睦屋商店、油谷鉱業、有楽フードセンターなどの再建に成功。さらに六四年日本特殊鋼、六五年品川製作所、六九年アサヒ製作所、七一年佐藤造機（大手農機具メーカー）、七五年興人の再建に着手し、見事立て直した。

　これらの功績に対し、早川さんは裁判所の推薦によって勲一等旭日桐花大綬章を授けられた。私は、受章を祝う会に出席させていただいたが、会の形式は一風、変わったものであった。種三さんに救われた倒産会社の従業員たちが中心となって開催されたパーティだったのである。

　壇上に上がった早川さんに割れるような拍手を送った、これら従業員の晴れやかな笑顔が、種三さんの素晴らしい功績を如実に表わしていた。

　先述のように、早川さんは大学から慶應義塾に入られたが、政次郎家には幼稚舎が和田塾から慶應義塾に組み入れられた経緯を示す証書や、福沢先生直筆の「自在不自由之中」という銘言が裏に認められた先生の写真などが残されていた。

　これらの貴重な資料は、現在、幼稚舎に保存されている。早川さんは、一九四七年から五六年まで、九年の長きにわたって幼稚舎の戦後の復興と成長に全生活を懸けられた吉田小五郎舎長と親しく付き合われていたため、これらの資料をすべて寄贈されたのである。

親に似たか、型破りのテツ

早川種三さんは大学から慶應義塾に入られたが、父上との関係もあって、幼稚舎の吉田小五郎舎長（一九四七〜五六年在任）と親しく、また、幼稚舎を自分の母校のように愛されていたという。

山岳紀行部の川センこと川村先生は、早川さんとは山岳部の先輩・後輩として親しくお付き合いされていたが、山岳紀行部を設立するにあたり、様々なアドバイスを頂いたそうだ。

私が初めて早川さんに会ったのは、山岳紀行部創立と同時に入部した五年生の時である。時折、幼稚舎を訪れる早川さんを川センが部員に紹介された。なんだか偉そうな人とは思ったが、いかなる人物かは知らなかった。

その頃、隣のK組に厄介な暴れん坊がいた。渾名を「テツ」という。

彼も五年の時、K組を代表するような顔をして山岳紀行部に入ってきて、ともに川センの指導を受けた間柄だが、当初は相性が悪かった。なにしろ腕力が強い。私のような平和主義者は、そんなタイプは敬して遠ざけたい。

ところが妙に懐いてくるというか、絡んでくる。

ある日、「家に遊びに来ないか」と誘われてついていった。渋谷区池尻にある豪壮な邸宅だった。

何人かの女中さんがいた。身を硬くしながらもテツの相手をしていると、笑顔で現われたのが、早川種三さんではないか。

「川田君か。うちの馬鹿息子をよろしくな」

ゲゲッ、あの偉そうな方がテツのお父さんだったのか。私は一瞬、肝を冷やした。

そういえばテツの本名は早川だ。早川という姓だけならどこにもいるが、名前が鉄三。種三さんとの類似点に気付かなかったのは、小学生の身とはいえ迂闊《うかつ》であった。

テツは普通部まで山をやっていたが、高校から柔道部に入った。勉強嫌いで一年落第したが、まったくこたえない。

「親父は十年かかって大学出たんだ。俺なんか優秀な方だ」

大学でも柔道をやり、六一年に卒業し「ニチレイ」に入社。自らブラジル勤務を希望し、日本を脱出した。

六八年春のこと。テツが結婚するというので、式に参列した。

川センが仲介人という妙な肩書きで出席。新郎新婦の両親が四人、そして新婦が壇上に上がる。ところが新郎の姿がない。横にいるのはモーニングを着た川セン、お一人だった。

「ブラジルでの仕事多忙の上、面倒臭いによって帰国せぬから、後はよろしく」との伝言があった。

いろいろな結婚式に出席したが、新婦の隣に仲介人が新郎の代わりに並ぶなどという式は初めてであった。

テツが帰国したのは九〇年十二月、種三さんが亡くなった時である。およそ三十年間、日本を離れたままであった。

その間、私はテツの名代、代理息子のような役割をさせられていた。

「おい、飯を食いに来い」

「はい」

「何が食いたい」

「鰻が……」

といえば「神田川」か「竹葉亭」本店、河豚なら「三浦屋」か「中よし」、蕎麦は神田の「薮」か「まつや」、寿司は「久兵衛」「寿し仙」、ステーキを願えば「誠」などなど。若いサラリーマンの身では滅多に出入りできないところに連れていっていただいた。

「明日、都ホテルのロビーで待ってる。バババア（奥様）と京都で正月を過ごそうと思ってな」

お二人で過ごせばよいのに、毎年、私を呼び付けるのである。歳末の慌ただしい十二月も押し詰まった時に、私は老夫婦の子供みたいな顔をして、病気に伏されるまでの八年間、京都の町を散策した。

なぜ、私を呼び付けたのか。ご夫婦は加茂川の奥や京都の裏山を散策中、二度にわたって野良犬に襲われ、大変な思いをされた。「誰か適当なボディガードはいないか」ということで選ばれたのが、私だったのである。

「どうせ、俺はボディガードだ」といじけた気分にならばこそ、夕方になると「一力茶屋」など、京都の超一流の夜の名所に連れていってくれる。そこで会った舞妓さんの美しさには、まさに舞い上がったものだ。

早川さんは仙台放送とテレビ仙台の設立に関係されたが、フジテレビとの提携問題で、水野社長と度々お会いになられ、その折、私に、

「元気でやっておるか。水野さんのところを誠になったら、俺のところに来い」

などと声を掛けてくださった。水野さんの盟友であり「財界の官房長官」といわれた今里広記さん（日本精工社長などを歴任）とも親しく、ご長男と今里さんのお嬢さんが結婚された。

私も暇を見つけては、日本建鐵に伺う。

「何事も、自分の力でやれ。他人の力を頼って仕事をするな」

経営指南役として、多くの企業を再建させた早川さんが、折々、私に言い聞かせてくれた言葉である。

以後、私はこの忠告を金科玉条のごとく守り、頼まれごとは片っ端に片付けるが、頼みごとは一切しない。「独立自尊、自助努力」と脂汗を流し、ヒイヒイ言っている私を見て、家人などは「アホな性分」と思っているらしいが、代理息子としては、親父の遺言を守らなければならないのだ。

ところで、本物の息子は何をしているのか。ニチレイの現地法人代表として、また「現地育ち日本人」として第一線で活躍、邦人社会でも大きな顔をしているらしい。

最近、余裕ができたとかで、二、三回、夫婦で帰国したが、「帰国じゃない。日本を旅するためだ」と言い、さっさとブラジルに戻ってしまう。よく分からん奴である。

ちゃきちゃき江戸っ子塾長

慶應義塾の百五十年に垂々とする歴史の中で、数多くの優れた指導者、研究者が輩出している。私が物心付いた頃からでいえば、経済学の先駆的研究者であり、一九三三年から四四年まで塾長をされ、四九年からは東宮御教育常時参与として今上天皇の皇太子時代の御教育に携わり、五九年、文化勲章を受章された小泉信三先生、同じく経済学の大家で、四七年、第一次吉田内閣の文相に就任し教育基本法や学校教育法の施行にあたり、日本芸術院院長や映倫委員長などを歴任、七九年、文化勲章を受章された高橋誠一郎先生などがいらっしゃる。ともに私の在籍した政治学科の出身である。

しかし、慶應義塾という組織から見て、その方々に優るとも劣らぬ貢献をされたのが、石川忠雄元塾長であろう。

龍太郎や私と、深く関わっていただいている石川先生の略歴に触れておきたい。

石川先生は一九二二年、東京市神田区一橋で、父上忠吉さん、母上よしさんの長男として生まれた。兄弟は、姉と弟三人。石川家の稼業は町火消し、つまりは鳶の棟梁であった。

その稼業と出生地からいえば「ちゃきちゃきの江戸っ子」、家業を継げば、いなせなスタイルで纏《まとい》を振り、木遣《きやり》を口ずさんでいたであろう。しかし、父上は「後を継ぐ必要はない。大学まで行って勉強しろ」と口癖のようにおっしゃっていたそうだ。

近くの錦華小学校時代はスポーツ万能の少年として鳴らし、東京市の陸上競技大会に出場したこともある。その一方、神田周辺に立ち並ぶ本屋や古書店で、片っ端に本を読み漁ってもいた。

三四年、錦華小学校から歩いて三分ほどのところにある、私立明治中学校に進学したが、折からの大不況と大凶作が重なる社会状況の中で家運が傾き、授業料にも事欠くようになった。石川先生は、働きながら勉強すると親を説得、転校先を探したところ、慶應義塾に五年制の夜間の商業学校があり、二年生への編入を認めていることを知った。

商業学校は、勤労子弟に実学を教えることを目的に一八九二年に設立、一九三三年から五年制となり、卒業生の一部は、無試験で高等部や大学予科に進学できるようになった。三五年、二年に編入入学した石川先生は、出版社の臨時雇いとして昼間勤め始めたが、仕事が忙しく残業をしなければならなくなり、内務省の給仕係に職を替えた。

五年になり、大学予科か高等部かの選択を迫られたが、六年掛かる大学へのコースより、三年で社会に出ることもできる高等部を選択した。一九四〇年のことである。

高等部は三年制の専門学校だったが、慶應の場合は、今で言う教養学部のように、倫理学、経済学、語学などをバランスよく教育し、教養ある市民を育てることを目的としていた。教師陣も大学と共通している人が多く、石川先生はここで、本格的に学問に打ち込むようになる。幼稚舎にも「自由研究」という科目があるが、高等部にもあり、伊東岱吉教授（後の経済学部長）に付き、中国の政治・経済の研究に取り組んだ。以後、学問的専門分野は、中国問題となる。

また、伊藤政寛法学部政治学科教授が主宰される英語の原書輪読会に参加させてもらったことにより、後の国際派学者としての道が開けた。

特攻出撃直前に終戦の報が

石川先生が高等部二年に在学中の一九四一年十二月八日、日本は太平洋戦争に突入した。慶應義塾は福沢先生以来、英米への親近感と尊敬の念を抱き、自由主義、合理主義の伝統を保持していただけに、この戦争突入には大きな衝撃を受けた。

戦争により、高等部の修業年限が短縮され、四二年に卒業、石川先生は大学の経済学部に進まれた。

四三年八月、学徒動員令が発せられ、石川先生は陸軍、高等部時代の親友の熊井常郎さんと石井良博さんは海軍、ともに航空隊のパイロットを志願することにした。この戦争は、航空戦で決着がつく。ならば、その戦力として戦おうではないかと考えたのだ。

入営は十二月。それまでの三カ月間、三人は自分たちが生き、学んだことの証しを残そうと『反動と復興の時代の代表的思想家の社会的、政治的思想について』（ハーンショウ編）の翻訳に取り掛かった。入営の日間近に翻訳を完成した三人は、伊藤政寛教授に後を託した。

十二月一日、石川先生は東京・赤坂の東部第六部隊に入隊。四四年、幹部候補生試験に合格、さらに第二期陸軍特別操縦見習士官の試験に志願し合格。宇都宮陸軍飛行学校で操縦訓練を受け、四四年六月に卒業、戦闘飛行隊に配属された。四五年四月、戦況が極度に悪化する中で、部隊は陸軍特別攻撃隊、「神鷲隊」と「振武隊」とに再編成された。石川先生は、本土防衛の任にあたる神鷲隊に所属、山形県の真室川基地で訓練を受けながら、六機ずつ本土の前線基地に向かう特攻機を毎日見送っていた。

明日は自分の番か……。八月十五日、終戦が報じられた。海軍特別攻撃隊に入った同期生の石井さんは無事帰還されたが、熊井さんは沖縄に出撃、帰らぬ人となってしまった。

その年の十月、復学した石川先生は翌四六年に経済学部を卒業、及川恒忠法学部政治学科教授のもとで助手となられ、中国憲法史の研究に邁進された。法学部に移られたのは、当時、経済学部には現代中国を研究する講座がなかったためである。また、中国憲法史の研究は及川教授の勧めによるものだ。

及川教授は政治史・法制史を専門分野にされていたから、その研究を石川先生に受け継いでもらいたかったのだろう。石川先生は後に『中国憲法史』を出版され、研究の成果を発表された。その後、「これからの中国は、中国共産党が分からなければ理解できないよ」という及川教授のアドバイスを受け、中国共産党史の研究に邁進されていかれた。

石川先生は、四八年法学部助教授、五三年教授になられ、アメリカ留学をされた後、法学部学部副主任として、学部のカリキュラム改革などを精力的に手掛けられた。

後にこの改革は、大学全体の改革につながっていく。

六〇年十二月。石川先生は体育会理事となられた。私が卒業した年である。塾には体育会OB団体が三十八部あり、三田体育会を形成していた。それまで三田体育会会長は相撲部OB会会長の稲田勤さんだったが、山岳部OB会（登高会）幹事長の早川種三さんにバトン・タッチされ、早川さんは卒業したばかりの、しかも旭川に赴任している私を登高会幹事に指名された。その時、早川さんは私に、

「体育会理事の石川忠雄という男は素晴らしい男で、塾の将来を託せる学者だ。君は彼と親しく付き合い、学び取れることは、すべて学べ」

と厳命された。学生時代は、教授とその他大勢の学生の一人という関係であった石川先生と私だったが、この時から、担当理事と体育会山岳部OB「登高会」幹事としての接点ができ、以後長く深いお付き合いが続いていく。

石川の橋の下に川は流れる

一九七三年八月、私はトーホー加工株式会社に入社、会長になった父の後を引き継いで、代表取締役社長になった。

それまで、父や多くの先輩や関係者のの中にいながら、好き勝手なことをしていた私だが、どうやら年貢の納め時、真面目な中小企業の親父を務め、百数十名の社員、従業員の世話をしなければならない。もっとも、父の頑張りもあって、社業は十分に安定していた。後は父の築いたものを核に、自分の才覚によって企業を拡大していけばよい。しかし、弱冠三十五歳、企業人としては未熟者であった。

独立を望む部下に便宜を図ってあげたら、たちまちシェアを奪われたりしたこともある。頼

まれれば、断ることのできない性分。人間の個性を見抜けないわけではないが、裏切られても「仕方ねえや」と納得してしまう。山で身に付けた諦観の延長線で「腹を括る」ことには慣れている。

とことん頑張って駄目だったら、それはそれまでのこと。ただし、誠意とプライドだけは持ち続けたい。いかにもアマちゃんの二代目だが、誰に文句を言われる筋合いでもないだろうと開き直っていた。

一方、龍太郎は、まさに昇龍の勢いであった。

一九六三年、初登院の翌日の十二月五日。衆議院は、副議長の人事などを巡って与野党が対立した。その有り様をみた龍太郎は「ばかばかしい時間の使い方で、腹が立った」と発言したらしい。

前尾繁三郎幹事長以下のベテラン議員が、この二十六歳の新人議員の発言に不快感を持ち、ちょっとしたお仕置きを加えるという事件が起きたが、それ以後は、社会労働委員会に所属の「社労族の切れ者」として障害者政策の立案や水俣病の補償問題などで活躍。七〇年には、佐藤内閣の厚生政務次官となった。

一九七四年十月、東京三田倶楽部の発起人会が発足した。

ことのきっかけは、私の親分、早川種三さんの一言だった。

慶應には、古くから交詢社という塾員の交流組織がある。銀座の一角にある交詢社ビルを拠点にしているが、いかんせんオールド慶應ボーイの茶飲み場、養老院に化し、若い人たちは寄り付き難い。確かに、せっかく寛ごうと思っても、先輩だ後輩だといった関係を持ち出されるのは堪らない。早川さんから「すぐに来るように」と、お呼びが掛かった。会を作るのはよいが、どうやら株式会社組織で、株を募集しておるという噂が流れておる。もし、無責任な会ならば、君がその中に入って潰してきなさい」という命令である。

伝手《つて》を探して、その集まりに参加してみると皆、真面目そのものだ。毎日毎日、日が暮れると仲間が参集し、新しいクラブづくりの討議をやっている。私も何回か参会し、頃合を見計らって「会社組織を解散し、会則を定め、入会金と年会費による会に変えたらどうだろう」と提案した。株式組織というと、利益がどうのと胡散臭い話になってしまう。そうだと全員一致で私の提案は支持され、入会金十万円、年会費三万円で、「東京三田倶楽部」という名称にすることになった。発起人会が発足し、私が発起人代表に指名された。

倶楽部を創るからには、きちんとした常設の場所がなければならない。足の便が良く、誰もが知っているところがよい。具合のいいことに、十年先輩で、帝国ホテル社長の犬丸一郎さんの顔が頭に浮かんだ。一年先輩の石丸重尚さんと二人で、NOを覚悟で体当たりしてみると、犬丸さんは、「いいでしょう。貸しましょう」と快諾された。

一九七五年の正式発足から現在まで、一時、帝国ホテルの新改築などで場所を移すこともあったが、再び帝国ホテルの中にしっかりと根付いている。

私は、初代代表理事を引き受けたが、この倶楽部の目的は何か。

自主性を持った平等責任による新しい集団、しかもパワフルな若手からオジン前の連中が集い合い、語らい、塾はもちろんだが、日本そして世界に貢献するような組織、アクティブな倶楽部を目指したのである。そのためには定年制を敷くべきではないか。代表も飾り物ではなく、一期二年に限る。本職を別に持つ者の集団だから活動に精力を費やせる時間は限られる。かくして六十歳定年制と一期限りの代表で運営されたこの倶楽部は現在二十六年目、会長は十三代目、隆盛を極めている。私は九九年十二月、自分で決めた会則に従い、六十歳で定年退会となった。あっという間の二十四年であった。

七五年、石川忠雄先生が、久野洋塾長の後任として塾長に選ばれた。私は、石川先生のもとに龍太郎を連れていった。極めて人間的な魅力にあふれた人格者、石川先生に龍太郎はすっかり私淑し、石川先生も、橋本君には華があると評されて、今日まであれこれと龍太郎にアドバイスされている。七八年、私は慶應義塾の評議員として立候補し、当選した。評議員会は塾の最高意志決定機関で、理事会推薦の候補者とともに、塾員百名以上百五十名までの連署（署名・押印）による推薦人の選任をもって、卒業生の評議員候補者を一名立てることができるという慶應義塾規定によって、四年ごとに選挙が行なわれる。

しかし、最高意志決定機関とはいうものの、実態は企業や組織によって票が集められ、そこから選出される人は禅譲によって替わることが多い。これでは、慶應義塾の将来が不安である。集票組織を持たない若手を評議員会に送り込もうではないかと、幼稚舎一年先輩の近藤晋二さん（現・幼稚舎主事）や、後で登場するテツ、メージなどが「陰謀」を企んだ。それじゃあ誰を候補に祭り上げるか。

「そりゃあ、川田だろう」とメージ。実はこの陰謀に私は出席していなかったが、これまた後に登場するオケッちゃん、デッカチ、ジュンスケ（バブル全盛期の八九年、悪名高き企業買収家の社長ブーン・ピケンズ率いる米国のブーン社と三年以上戦って、市場から株式を買い占められたが会社を守り抜いた小糸製作所社長・加藤順介。K組）などが、私に「候補者に推薦してやるからな」と恩着せがましく宣言した。選挙が近づくと、メージが選挙本部長に就任、皆が手分けして、たちまち百五十名の推薦人を集めてしまった。

早川種三さんも評議員を務めておられたが、「もう、儂みたいな年寄りの時代ではない。若いモンが、塾にカツを入れねばならん時だ」と、しきりに尻をたたかれた。実際、慶應はいささか沈滞ムードにあった。

石川先生が塾長に就任する直前、商学部に於ける不正入学が発覚、三カ月にわたってマスコミに大々的に報道されるなど、学問の府としての足元も揺らいでいた。学生運動の後遺症で学内も荒んでいた。長年塾に育てられたOBとしては、ここはひとつ頑張ってみよう。投票の結果、二千二百二人の塾員の賛同を得て、第二十五期の評議員として当選することができた。

任期は一期四年で、現在まで六期続けて評議員を務めさせていただいている。二〇〇二年九月には、第三十一期評議員選挙が挙行される。

その他、慶應義塾維持会常議員兼関東副支部長、慶應連合三田会常議員、社団法人慶應倶楽部評議員、社団法人福沢諭吉協会終身会員、三田体育会理事、体育会山岳部OB・登高会幹事、

一九六〇年（二一世紀）三田会会長、慶應義塾高等学校同窓会第七期代表、慶應義塾幼稚舎同窓会常任幹事、東京三田倶楽部初代代表幹事、リーベンクラブ元世話人、一九六〇年慶應義塾創立百周年記念ヒマルチュリー登山隊隊員、一九九二年慶應義塾体育会山岳部トランカゴ登攀隊登山本部長など、塾関係のお役目は十指に余る。

一説によれば、「なりたがり屋」「目立ちたがり屋」ということになるが、逆に言えば、「なりたくない屋」「目立ちたくない屋」が多いからこういうことになる。

構造改革の初代旗手

石川先生は、四期十六年にわたって塾長を務められた。史上最長の塾長在任期間ということになる。その間、慶応は著しく変貌した。石川先生に求められ、また石川先生が自ら行なおうとしていたことは、国際化、情報化社会、科学技術の急激な進歩発展といった時代の変革の中で、慶應義塾はどのような対応を成すべきかということである。

国際化に関しては、他校に先駆け、外国人留学生や帰国子女の受け入れ制度、諸外国の大学や研究機関との研究教育交流体制の確立を図った。また、ニューヨークに高等部部門を設立した。情報化社会、科学技術の進歩への対応として、三田・日吉両キャンパスでの新図書館の建設、工学部に二学科を新設して理工学部へ改組、研究教育の支援体制としてのメディア・ネットの新設、湘南藤沢キャンパスの新設、医学部の拡充、推薦入学制度の導入、藤沢キャンパスでの中学・高校六年の一貫教育開始、ビジネス・スクールの大学院化……。今、流行の言葉でいえば、慶應義塾の構造改革断行であった。

塾長に就任されてからの石川先生は、以前にも増してエネルギッシュに活動された。しかも、研究者・学者とは思われぬほどの政治的手腕を発揮された。私学助成金の拡充など、先生の政治力が物を言ったといえるだろう。政治力というと誤解されるかもしれないが、政治は「最高の人格」なのである。野卑な人格の持ち主に政治は委ねられない。

龍太郎は一九八〇年に自民党行財政調査会会長のポストについた。行政改革、財政改革は今日昨日のテーマではない。かれこれ三十年前に、心ある政治家にとっての懸案事項だった。それゆえ歴代調査会会長には、園田直、山中貞則といった剛腕議員が座った。

しかし、所轄官庁と業界、官民の癒着、族議員の暗躍と抵抗の凄まじさに、歴代会長はいずれもギブアップといった形で退任していった。そこに四十三歳、厚生大臣一回という閣僚経験しかない男が就任した。党内には冷たい空気が流れていた。

「鼻っ柱だけの男に何ができるものか」

ところが、龍太郎はやったのである。当時の鈴木善幸首相は、それまで各種団体に補助金名目で出していた金の一割カットを宣言。しかし、史上稀な「暗愚の宰相」といわれた首相は、宣言だけで何もしない。龍太郎は必死に党内調整を図って、曲がりなりにもカットを実現した。加えて、懸案だった日本電信電話公社、日本専売公社の民営化も成し遂げたのである。

この時、龍太郎が親父と呼んでいた田中角栄さんは、

「あれは鈴木よりはるかに上だな」と褒め、

第二次臨時行政調査会の委員だった瀬島龍三さんは、
「橋本君がいなかったら、二つの公社の民営化はとてもできなかっただろう」と龍太郎の能力を高く評価したそうだ。元大本営の陸、海の作戦参謀、旧日本軍最高の頭脳、最高の策謀家といわれた人の評価である。「龍、龍を知る」といったところか。

八六年、龍太郎は中曽根内閣の運輸相として二度目の入閣を果たした。四十八歳、下から数えて二番目の若い閣僚である。この時龍太郎は、懸案の国鉄民営化を手掛ける。三ヵ月後の国会で、国鉄の抜本的改革を図る関連八法案が可決された。

この年、慶應の仲間が寄り集まって、龍太郎の後援会を作ろうという機運が盛り上がっていた。厚生、運輸大臣を経験、いずれのポジションでも、誇るべき成果を挙げた。

若いがゆえに、そして鼻っ柱の強さのために疎んじられてきた部分もあったが、今や誰も、彼の政治家として秀でた能力を疑う者はいない。かの木堂こと犬飼毅以来の塾出身宰相となるのも、夢ではない。

田中派に取って代わった竹下派の中核の一人だが、田中角栄さんにしてみれば、こと龍太郎に関して、裏切られたという思いはなかったようだ。

清濁合わせ呑む巨魁・角栄にしてみれば、龍太郎の生真面目さ、生一本さ、気配りを愛するとともに、その一方で、すべてを呑み込む「呑龍たれ」と、その将来にエールを送っていたかもしれない。

そういえば、田中家と龍太郎の間に、こんなエピソードがある。今をときめく田中眞紀子さんの外務省での独断専行ぶりはつとに知られるところだが、「なに、若い頃の彼女そのもの」と言う人が少なくない。目白御殿に陣取って、女王、いや当時は王女然として振る舞う彼女に対して、角栄さんは黙認、放任状態であったという。

比叡山の荒法師、加茂川の水、サイコロを前にした後白河法皇みたいなものである。

角栄さんがそうなら、田中派の面々はそれ以上で、眞紀子さんに対して腫れ物に触るような振る舞い。

その時、敢然と苦言を呈したのが龍太郎であったという。以来、眞紀子さんは龍太郎を毛嫌いし、一方の龍太郎は龍太郎で、彼女を歯牙にも掛けない。

石原慎太郎都知事は、眞紀子さんの外相就任以後の奇異な行動を評して「更年期のヒステリーじゃないの」と言い、物議をかもしたが、龍太郎だったら「生まれつきの特性」と、にべもないだろう。

余談はさておき。後援会は剣道仲間を中核に、同級生ら五百人によって結成された。名称は「慶龍会」、私は初代会長を命じられた。

八七年、竹下内閣が成立、龍太郎は幹事長代理に起用された。党三役は、安倍晋太郎幹事長、伊東正義総務会長、渡辺美智雄政調会長と、安倍、宮沢、中曽根三派に譲ったため、竹下派の切り札、リーサル・ウェポンとして、執行部に送り込まれたのだ。

第五章　社会という荒波

転身、転身、また……

水野社長の秘書を辞めた私は、翌年の一九六五年に東邦紙業株式会社に入社し、常務取締役大阪支店長という肩書きとなった。二十六歳の男にしては大層な肩書きである。

私は大いに張り切って仕事に取り掛かったが、若い故のミスや失敗もやらかした。独断専行、あまりに勝手な行動をするもので、父親が心を痛めて背後で働き掛けたと思われるが、六八年になると、国策パルプの米田一男会長と尾田源行社長が「どうだ、もう一度うちに勤めないか」とお声を掛けてくださった。考えてみれば、体のいい役員解任と、修業のやり直しといったところだが、いささか煮詰まっていた私としては、ありがたくお話をお受けした。

肩書きは、南方資源開発室詰め。要は、インドネシアにおけるパルプ資源の開発をせよということだ。

紙は文化のバロメーターといわれる。わが国の文化を思うと必ずしも納得はしないが、ともあれ、紙およびパルプの加工品の需要が急激に伸びたために、原材料である木材の入手が困難になり始めた。そこで、日本の各製紙メーカーが目を付けたのが、インドネシアの熱帯雨林である。しかし、インドネシアの生活環境は劣悪であるし、そのうえ、常に政情不安の状態にある。こんなところに人員を派遣するとしたら、よほど心身ともにタフな人間でなければならない……というのが、私を再雇用した理由であったかもしれない。

私は、インドネシアに飛び出していった。スラヴェシ島、マカッサル、マリリの奥地に入っていき、原生林を買い漁る。地元民はもちろん、政府関係者を相手にビジネスを展開する。時には懐柔したり、時には強気に出たり、あらゆる手練手管で、商談をまとめる。相手は異国人、いや、私の方が異邦人であったが、秘書時代に身に付けたノウハウと山で養ったスタミナは、大いに役立った。インドネシアと日本を往復すること四度、一回の現地滞在は最長十カ月に及んだ。

今、内心忸怩《じくじ》たる思いがある。一体、私は、インドネシアのどれだけの森林を伐採したのだろうか。当時、私の頭の中にも、会社のしかるべき地位の人々の頭の中にも「木材資源は無限である」などという思いはなかったはずだ。伐採した後に、植林をする。熱帯の自然環境が再び、木を育み、豊かな森を作っていく。開発の爪痕など、たちまち消えてしまうだろう。

あれから三十年。インドネシアの森林は、かつての面影を失ってしまったといわれる。自然破壊の傷跡は、自然が癒《いや》せる限度を超えてしまったのだ。

人間は実に愚かな生き物であると、つくづく思わざるを得ない。

遠い昔、私たちは自然の中に生まれ、自然に育まれて生きた。当時、自然は絶対であっただろう。豊かな恵みをもたらすとともに、一度機嫌を損なえば、猛り狂う。その怒りの前に人々は為す術もなかった。文明が開けるとともに、自然をいかにコントロールするかが、時々の為政者の重要な務めとなった。中国には「川を制する者は、国を制する」という言葉がある。長江（揚子江）に黄河をはじめ、時に凶暴な姿を現わす長大な川をいくつも持つ国らしい言葉だ。

人類は物質文明の発達に伴い、原料を求めて狂奔した。さらに原料を加工するためのエネルギー源を求め、木を伐採し、石炭を掘り、石油を採掘する。

作家の故・司馬遼太郎さんは、中国の森について「古代中国の繁栄をもたらしたのは鉄器文明だが、鉄器文明は中国の森を滅ぼした」とおっしゃっている。鉄鉱石を溶かすための燃料に大量の木材が使用されたからだ。日本にも時折飛来する黄砂は、森林を伐採されて剥げ坊主になり、砂漠化した山野に由来する。

資源が枯渇するにつれ、地球は悲鳴を挙げる。悲鳴が怒りに変わる。それが、現在の地球温暖化であり、異常気象であろう。

私は、その地球破壊に手を貸したといわれても致し方ない。

最近、ヒマラヤの山々のごみが問題とされている。かつて登山隊は、ごみの回収にまで気が回らなかった。登頂に成功するにしろ失敗に終わるにしろ、隊員は疲労困憊の極にあって、下山する際には不必要な装備や荷物はすべて置いてきた。といっても捨てたのではない。次に登る登山隊があれば、再使用できるように、デポジットとして積み上げてきた。食料にしても装備にしても、積もり積もって万年雪になる純白の雪がすべてを封じ込めるから、痛みもしないはずである。ところが、後続の登山隊も概ね同じルートをたどり同じ行動を繰り返した結果、デポがあちこちに散在することになり、加えて地球の温暖化のせいもあって、それらのデポが雪の表面に露出し、ごみと化してしまったのだ。

今、山の後輩の野口健君たちがヒマラヤに登っては、ごみを回収している。私たちを含め、先輩の後始末である。誠に面目のない話だ。

一九七一年、再び私に転機が訪れた。かつて勤めていた東邦紙業は国策パルプの代理店であったが、山陽パルプの代理店である小島洋紙店と合併し、株式会社サンブリッジと改称、取締役開発部長として、勤務することになったのだ。

さらに七三年八月、先述した通り、トーホー加工株式会社の代表取締役社長に就任した。会長となった父の後を引き継いだのである。サラリーマン生活から足を洗い、中小企業のいわゆる二代目、いかにも慶應義塾の出身者らしい身の処し方と言えば言えよう。しかし、二代目には二代目の根性がある。

その一方で時には勇み足もした。勇み足を失敗としてすぐに認めることはなかなか難しいが、意地を張れば、ことはもっとややこしくなる。死んだ気になってやり直せば、何でもできる。この辺りは、山岳部での日々の経験で知っている。失敗を薬にして、脇目もふらず本業に精を出していたが、この時、大いに力を貸してくださったのが、会計士の北村吉弘先生であった。

先生は一九四八年二月、東京商科大学（現・一橋大学）を卒業された。この年、わが国の会計監査制度は胎動の時であり、四月に証券取引法が制定され、この制度を担うべき公認会計士の資格試験が始まろうとしていた。先生はご自身の道を会計業務に定め、ひとまず計理士として登録された。計理士としての仕事をされているとき、大学の先輩から丸ビルにある会計士事務所に籍を置いたらどうかと勧められ、計理士としての仕事をこなしつつ、公認会計士試験に備えておられた。

この頃、私の従兄弟である川田嘉一郎と先生は、大学の先輩後輩の関係で出合った。

同じ頃、先生は生涯の師、日本の会計士の始祖ともいうべき土肥東一郎先生と出合う。土肥先生は昭和初期の頃から、わが国最古といわれる会計事務所の共同経営者であった。一九五一年公認会計士の資格を取得した北村先生は、土肥先生の下で会計監査の仕事に励まれる。土肥先生と北村先生は六八年、監査法人中央会計事務所（現・中央青山監査法人）の設立に参画、代表社員として加入された。

七〇年三月、八幡製鐵と富士製鐵の戦後最大級といわれた合併の時には、監査責任者を務められ、八五年の日本電電公社の民営化の折りも、監査責任者として日本電信電話株式会社（現NTT）の設立を実現された。

このような日本を代表される公認会計士の先生と私との付き合いは、従兄弟の嘉一郎との関係による。嘉一郎の経営する小島洋紙店の財務・経営などの相談を北村先生にされていた。小島洋紙店は、その後、私の父が設立した東邦紙業と合併、サンブリッジとなったが、その頃、私がサンブリッジに籍を置いていたのだ。まだ、若造であった私にとって北村先生は怖い存在であったが、怖い先生は、私にとって有り難い存在である。たっぷりと勉強させてもらえるからだ。

私がトーホー加工の社長に就任した後のことである。旧工場を売り払い新工場を建築しようとしたとき、かなりの売却益を得ることができた。当然、利益に対する税金が発生する。しかし、一括で納付しては、新工場の資金のやりくりに困る。私は、先生に「旨い方法はないでしょうか」と相談を持ち掛けたが「まず無理だろう」とおっしゃる。しかし「それでもなんとか方法はありませんか」と食い下がると「それじゃ、税法を研究してみて下さい」

税制度や税務の専門書や関係書類をひっくり返し、研究しているうちに「圧縮記帳」という言葉にひっかかった。

「なんだ、これは」

現在の税法では廃止されてしまったが、利益を圧縮することで税の延べ払いを認める条件がそこに示されていたのである。狭い穴だが、うまくクリアできる可能性が僅かながら見えてきた。

「この方法で、なんとかならないでしょうか」と恐る恐る相談に伺うと、先生はニヤリと笑い、「君もなかなかのものだね。確かにその線はあるんだ。ちゃんと組み立てができますか。その気なら一緒にやりましょう」

とおっしゃってくれた。どうやら、ポッと出の若社長の出来の具合をチェックされていたらしい。「なかなかのもの」に値するかどうかは分からないが、こっちは会社の存続がかかっているからまさに必死である。「窮すれば通ず」「虎穴に入らずんば」が、解決方法を導き出してくれたのだ。人間必死になるとは、こういうことなのである。

以後、先生とは、会社のことは無論だが個人的にも、まるで親子の仲のようにお付き合いいただいている。

私は、食べることが好きである。自社の地方の営業所や工場に出張すると、その地のうまいものにチャレンジし、舌が納得したら親しい人にお送りして喜んでもらいたいという、いわば「配送屋」みたいなことをやっている。

北村先生は食の知識が豊富で、しかも健啖家でいらっしゃるから、次は何を送って喜んでもらおうかと知恵を絞るのが、これまた楽しい。

そういえば、「物は頼まない」はずの龍太郎にこんなことを言ったことがある。

「頼んでるわけじゃないぞ。独り言だ。親父は亡くなってしまったが、親父代わりみたいな人がいてなあ。今度の、総理主催の観桜会に招待されたら、さぞかしお喜びになるだろう」

「フフフ。分かったよ」

観桜会に出席された北村先生ご夫婦は、大喜びしてくれた。

龍太郎が選んだ道

私がヒマルチュリの麓をウロチョロしていた頃、橋本龍太郎は何をしていたのか。

呉羽紡績(後・東洋紡)に就職し、工場での実習後、希望通り営業部に配属された。

なぜ、彼がこの会社を選んだのか。「慶應の先輩のいないところ」というのが、理由の一つだったらしい。上下関係の厳しい体育会の剣道部に席を置いていた人物にしては、かなりユニークな発想である。

いわゆる慶應ボーイに対する世間の評価は幾つかある。

「三田の色魔」。これは有り難くない評価だ。確かに、二代目、ジュニアとして、身を飾りたて、ふんだんに金を遣い、女の子を連れ歩くタイプがいるにはいる。学内では「バカ」と呼ばれていた。

「金持ち集団」。まんざら嘘ではないが、こういうデータをご存じだろうか。大学の授業料は、常に早稲田より安いのである。

七〇年頃、三田・日吉のキャンパスは、学費値上げ反対闘争で大揺れに揺れた。日頃、闘争慣れした早稲田とは違い、軟弱派といわれた慶応の学生が蜂起したのだ。これには学校当局も面食らったようだが、この闘争の結果、慶応の授業料は常に早稲田を下回るようになった。

その一方で、教職員の給料もひどいものだった。今から十五年ほど前のデータによると、全国の大学の下から二番目にランクされているぐらいだ。

「川田君、銭というお金の単位を知っている?」

知らないわけじゃない。私が携わっているグラビア印刷関係の原価計算などでは、単価が円と銭で出てくる。しかし、印刷物一枚を売買するわけではないから、実感はない。

「給与明細に、受験の際の採点の手数料というのが付いてくるんだ。一枚、何円何十銭ってね」

他大学では、採点委員として仕事をすれば、数十万単位の特別手当てが出るのだという。

いまだに慶應の教職員の給料は低レベルにある。そのお陰で、優秀な頭脳が流出するというケースが少なくない。

「金持ち集団」がまんざら嘘ではないというのは、こんな事例があるからだ。一九五八年の創立百周年記念として、慶應はさまざまな記念事業を企画、卒業生らから寄付金を募った。目標額は二百億円。集まった額は目標額を大きく超えた。八二年、早稲田大学は創立百周年を迎え、学部増設を含め、記念事業計画を発表、卒業生たちに寄付を募った。目標額は二百億円。実際に集まった寄付金は百七十億ともいわれるが、ともあれ目標額を大きく下回った。その結果、記念事業の目玉であった医学部創設案は流産の憂き目を見た。代わって生まれたのが、所沢キャンパスである。前にも述べたが、早稲田と慶應の卒業者の比率は昔は十対一ほど。最近は慶應の規模が大きくなり二対一ほど。卒業生一人一人の財布の中身は早稲田の一に対し、慶応は二倍以上ということか。そんな馬鹿なことはない。

「団結力」が、両校の集金力の違いになっているのだ。

慶應は、学生を塾生と呼ぶ。幼稚舎生でも、ニューヨークの高校に学ぶ者も、大学院生でも、塾生である。卒業生は塾員である。今年卒業のルーキーでも、大会社の社長でも、同じ立場だ。これら、塾員、塾生をひっくるめて社中という。古典芸能の世界のようだが、まあ、そういう決まりだ。決まりでもう一つ言えば、先輩は「さん」と呼び、後輩を「君」と呼ぶ。しかし、これは一般社会ではあまり使わない方がよい。自分の社の社長が先輩だからといって「○×さん」と呼ぶのは、周囲に違和感を与える。尊敬するしないにかかわらず、役職名で呼ぶのが無難だ。

先生と生徒の関係では、先生を「さん」と呼び、生徒は「君」だ。柄の悪い生徒を「川田!」と呼び捨てにするのは、一向に構わない。

「先生」を先生と呼ばないのは「先生と呼ばれるほどのバカでなし」という倣いではない。慶應で「先生」と呼ばれるのは「福沢先生」だけなのだ。

もっとも、幼稚舎出身者は「先生」と呼ぶことが多い。一年坊主が先生を「さん」と呼ぶのはそぐわない。二年坊主も三年生も同様。高学年になって、にわかに「さん」と呼ぶのもおかしい。幼稚舎はよほどのことがない限り、一年から六年まで、先生はいわゆる持ち上がりである。

突然「さん」と呼んだりすると、「どうした、川田、毛でも生えたか」と、ヘッドロックのひとつも食いそうな気がした。

山岳紀行部の川村先生を、存命中も亡くなった今も「川セン」と呼び習わしているのは「川村先生」を省略した愛称である。

「社中」が、各地で「三田会」なるものを組織している。三田会の集合体が、連合三田会となる。企業内にも三田会を組織しているところもあるが、三田会があろうとなかろうと、先輩後輩の絆は太い。

龍太郎は、そういった「先輩後輩」の絆、しがらみを嫌って就職先を探した。だが、この選択は、彼にとってはよかったのかもしれない。彼は会社で新しい人間関係を築くことができたのだ。

彼の上司に宇野收さんという方がおられた。温厚篤実の人柄にして抜群の実行力を発揮された方で、呉羽紡績が東洋紡に吸収合併され東洋紡となってから、呉羽出身の初の社長になられた。八七年には関西経済連合会の会長を務められたが、龍太郎の後援会を組織した時は、関西での組織作りに大いに協力して頂き、以後、常に龍太郎に力を貸してくださっている。入社した翌年の六一年、「綿糸布加工綿布課勤務を命ず」、この一枚の辞令が宇野さんと龍太郎の出会いであったが、二〇〇〇年に他界された。宇野さんは私を「先輩」と呼んだ。その理由は、「川田さんは大学一年から、私は彼が入社した翌年に巡り合ったから、五年後輩である」とおっしゃっていた。

父、龍伍の後を継ぐ

その頃、龍太郎と私の関係は希薄であった。私は二年間、国策パルプの旭川工場にいた。滅多に会えるわけもない。

水野社長の専属秘書になってからは、コマネズミ状態であった。山の仲間たちとは万難を排して、あるいはやむを得ず会うこともあったが、それ以外の友人とは、偶然の出会いを期待するしかなかった。

六二年の十一月、龍太郎の父、龍伍氏が亡くなった。喉頭がんで床に伏していたが、それほどの重篤には至っていなかった。その日の朝、出社しようとする龍太郎を掴まえてお説教をしたぐらいだ。

「ネクタイが曲がってるぞ。一日の始めにそんなではろくな仕事ができん。ちゃんと締め直して行け」

二時間後、龍伍氏は亡くなった。

新聞を見るまでもなく私は訃報を知った。龍伍氏は吉田茂氏の親衛隊と呼ばれ、佐藤栄作氏を領袖とする佐藤派の重鎮であった。水野社長のもとに、いち早く訃報が届くのは当然である。

葬儀の後しばらくして、龍太郎から「会いたい」という連絡が入った。

「俺、親父の代わりに、選挙に出ようと思う」

龍伍氏の跡目を誰が引き継ぐかが、橋本家、選挙区は無論、自由民主党の中でも問題になっていた。龍伍氏が所属していた佐藤派内の意見は、次のようなものであった。

「龍太郎は二十六歳になったばかりで、余りにも若すぎる。親父の秘書でもやっていれば話は別だが、サラリーマンの道を選んだため、政界に関してはまことに疎い」

「正夫人が弔い合戦に出れば、議席の確保は間違いない」

橋本家の中でも様々な思惑が交錯しただろう。

龍伍氏は、龍太郎が生まれた時、自分の名の一字に橋本家の長男としての意味での太郎を付けて、龍太郎と命名した。「麻生太郎」「小沢一郎」という名には淡泊さを、「小泉純一郎」という名には線の細さを感じさせるが「龍太郎」は、昇竜の図を思わせる気宇壮大な名であるところがすでに述べたように、龍太郎が十歳の時、次男が生まれた。

龍伍は、その子に大二郎と名付けた。二郎とは、言わずもがな、次男の意だが、大とは何か。大人物になれという意味とは全く別に「選挙の時に覚えられやすい名にしよう」という思いが込められていたらしい。つまり、龍太郎十歳、大二郎零歳の時、父は自分の後継者を決めていたことになる。

私は、龍太郎の実母の出自は知らないが、政治とは無関係な世界の人だったのだろう。その実母の子よりも、政治家の娘の子である大二郎に、政治家としての可能性を賭けようとしたと思われる。今風に言うなら、ＤＮＡを信じたことになる。

龍太郎に対して、父は折々、「お前は、実業の世界へ行け」と言っていたようだ。

とすれば、政治家・若宮貞夫の娘である正夫人が、しばし中継ぎをし、大二郎が被選挙権を得た時に、議席を継がせるというアイデアがあってもおかしくはない。実際、正夫人は、演説はうまいし、人の使い方もうまかった。

だが、結論は龍太郎が継ぐということになった。当時の派閥の領袖であり首相であった佐藤栄作首相の鶴の一声であった。

宰相は、龍太郎に次代の宰相候補の資質を見たのだろうか。

結果論で言うわけではないが、橋本家にとっては、極めて妥当な選択であったと思う。

「政界に転身したい」と聞いた私は、龍太郎に「協力できることは何でもする」と約束した。私自身に何の力があるわけではないが、私が付き従っている人物は財界の重鎮であり、政界にも大きな影響力を持っている。虎の威を借りる狐となるつもりはないが、できることはあると思ったのだ。

初当選で早くも睨まれる

六三年十一月に行なわれた衆議院選挙に立候補した龍太郎は、見事二位当選を果たした。

同じ選挙で、小渕恵三元総理も、初当選した。ともに二十六歳、龍太郎の方が生まれた月が遅いために、最年少議員であった。当時の写真を見ると、実に初々しい。本人は怒るかもしれないが、タレントのデビュー時のような輝きがある。

ところが一方で、この男、選挙前からなかなか食えないところを発揮したらしい。

佐藤派は、当時当選二回ながら演説のうまさで知られる竹下登元総理を、小渕、橋本両新人候補の演説コーチ役に付けた。小渕候補は、竹下さんの言われる通りの演説の草稿を書いた。ところが、橋本候補は逆らった。

竹下さんは、父、龍伍を引き合いに出してのお涙頂戴路線を勧めたのに対し、龍太郎は、

「そんな演説は、私の知性と教養が許しません」

と、きっぱりと拒否、自分流を通したというのだ。このエピソードは竹下さんの回顧録に、龍太郎のいわば「美談」として書かれているが、竹下さんの本心はどうか。初当選以来、竹下・小渕ラインは、人が羨む睦まじさというか、余人が介在できないような親密な関係にあったが、竹下・橋本ラインは、よそよそしさを挟み込んだ関係のままだったようだ。恐らく、最初の出会いがその原因だろう。竹下さんは「何という傲慢な若造だ」と思ったに違いなく、一方、龍太郎は、竹下さんに危うい資質を嗅ぎ取ってしまったのではないか。

竹下さんは、高校の英語教師から県議会議員、さらには衆議院議員とのし上がってきた人だ。「どこか、信が置けないといったところがある人物」と龍太郎は思ったに違いない。

佐藤派は、その後、田中角栄元総理に引き継がれ田中派となり、竹下さんは後継者と目されるようになる。ところが、ある日、仲間の議員を引き連れて、料亭でドンチャンやりながら「十年経ったら、竹下さん」という歌を仲間に歌わせ、悦に入っていたといわれる。この一件が、角栄さんの逆鱗《げきりん》に触れ、「廊下の雑巾掛けからやり直せ」と言われたという。

竹下さんが総理になってからの、目白御殿拝謁拒否事件というものも世上を騒がせた。竹下さんが、田中さんに反旗を掲げた……というより、派閥を乗っ取り、創政会を旗揚げし、それが原因の一つになって角栄さんが脳梗塞に倒れたとは、巷間伝えられているところだが、正月の挨拶に行ったところ、角栄さんの長女に門前払いを食ったという事件だ。長女とは、言わずと知れた眞紀子さんだ。

この事件、私のような外野には「どっちもどっち」という感じもあるが、竹下さんが「信」

に欠けた部分があるのではと思わせたことは確かだ。その竹下さんとコンビを組んだのが金丸信さんというところが、何やら笑える。

もっとも、この創政会旗揚げには、龍太郎も創政会副会長として重要な役割を演じている。言ってみれば、角栄さんに反旗を翻したことには間違いない。

ただし、最後まで、穏当な解決策を見出そうとしたのも確かである。

佐藤派の元で初の選挙を戦い、佐藤派が田中派と保利派に分裂した時、田中派に従った龍太郎は、角栄さんを「親父」と呼び習わしていた。その親父をいかに傷つけないで、創政会を作り上げるかに腐心したのだ。

「川チン、つらいぜ」

初当選から二十年あまり経ち、当選八回を重ねた頃の言葉である。

幹事長代理として、宇野総理を生む

創生会から経世会へと名を変えた自派閥をバックとした竹下氏は、思惑通り首相の座を射止めたが、政権は短命に終わった。折りからリクルート疑惑が厳しく追及され、宮沢喜一蔵相が辞任、追及の手が竹下首相にも及び、八九年四月二十五日、竹下総理が退陣表明をしたのだ。翌二十六日、総理の金庫番といわれた青木伊平秘書が自殺した。秘書の自殺は、田中角栄元総理のロッキード事件の幕切れに似て、政界の闇の深さを見せつけた。

中曽根政権の末期、後継者として指名を待っていた竹下総理が表舞台から降りてしまい、また、宮沢氏もいったん表舞台から降り、捲土重来を期するしかなくなった。

さらには同じく中曽根氏から禅譲を期待していた安倍幹事長が入院。がんであることは伏せられていたが永田町で知らぬ人とてなく、政治生命は確実に絶たれつつあった。しかも、幹事長は総理総裁の後継者の根回し・調整役を果たさなければならない立場にあったが、それも不可能だ。

病床の幹事長から、調整役の依頼を受けた幹事長代理の龍太郎の身辺が、にわかに慌ただしくなった。

しかし、それに先んじた形で、竹下総理は、清廉の士と評判の高い伊東正義総務会長を説得にかかった。

伊東総務会長は、体調を理由に固辞する。体調もあっただろうが、火中の栗を拾うことを避けたのではなかったか。当時の自民党を取り巻く環境は、あまりに酷かったからだ。伊東総務会長は、逆に竹下総理に、

「私なんかより、若い人がいい。橋本君なんかがいるじゃないか」

と薦めた。伊東総務会長は、その後幾度か後継者として龍太郎の名を出しているから、その能力を高く評価していたのだろう。それだけではない。クリーン度に関しても「自分と似ている」と思ったのではないか。

しかし、竹下総理は難色を示した。「若すぎて、妬みを買う」というのがその理由だが、これを意訳すれば、政界に対する自らの影響力が低下することを恐れたということになる。

短期間の間に様々な名が浮いては消えた。坂田道太、後藤田正晴、金丸信、河本敏夫、福田赳夫、山下元利、石原慎太郎、海部俊樹、河野洋平……。

新聞辞令が、まことしやかに名を上げるうちに、ネタ切れになる。

すると、竹下総理が宇野宗佑外相の名を口にした。これには党内総スカンであった。所属の中曽根派からも、露骨に「支持しない」という声が挙がる。金丸信議員などは、「彼は『竹下と金丸を尊敬している』と言っているそうだが、私は会ったこともないし、ゆっくり話したこともない」と言う。

「会ったこともない」は嘘だろうが、「ゆっくり話したこともない」は本当かもしれない。だが、結局のところ宇野総理が誕生した。竹下さんのゴリ押しであった。

一龍戦争が勃発

六月一日、宇野内閣が発足し、龍太郎は幹事長に昇格した。党内では、総裁に継ぐナンバー2のポジションである。

しかし、宇野内閣は超短期内閣に終わった。

過去の女性問題が発覚、しかも「手切金に指三本」つまり三百万円を渡したというあられもない事実が暴露されたのだ。リクルート事件よりも罪は軽いかもしれないが、鼎《かなえ》の軽さはそれ以下である。

七月に行なわれた参院選は、事前の予想通り自民党の完敗に終わり、宇野総理は退陣を表明した。

参院選の敗戦は、形式的には幹事長の責任だが、本質的には腐敗、堕落した自民党そのものの責任である。龍太郎は敗戦を覚悟しながらも、全国を行脚《あんぎゃ》し、選挙後も「大敗です」と、自らの責任の重さを表明し、辞任の意向を表明した。

しかし、その前に後継総理を誰にするのか、党内調整を図るという残務がある。

ところが、党内、そして地方組織からは、龍太郎を総理にせよという声が、澎湃《ほうはい》と湧き上がっていた。正確に言えば、選挙前から「敗北は覚悟。選挙後に橋本幹事長を総裁に立てて、党勢を盛り上げよう」という声が、宮沢派を中心に出ていたのだ。これに、安倍派の若手も乗りそうな雰囲気だ。

誰が言い出したか、政界には「馬糞の川流れ」という汚い譬え言葉がある。

馬は飼い葉を食う。飼い葉は干し草や藁で繊維質が多いから、馬の糞は水の中ではバラけやすい。譬えの原作者は、一体誰なのだろう。農村票をバックにした議員なのか、それとも政治部記者なのか知りたいところだが、安倍派は領袖が病に伏していて川流れ状態。

そういった状況の中で、竹下派の中に、疑心暗鬼が生じた。

龍太郎を、他派が支えて新派閥ができるのではないか。そうなれば、相対的に竹下派は力を失う。なにしろ「数は力なり」を貫いてきた派閥なのである。

参院選挙から一週間ほど経った七月三十日、龍太郎は竹下派の七奉行と呼ばれた中核の二人、小沢一郎、奥田敬和議員にホテルの一室に呼び出された。

そこで、龍太郎はある種の脅迫を受ける。龍太郎は、

「俺は君たちに、生殺与奪の権を握られたと言うことだな」

と言い捨て、ホテルの部屋を出た。

党内はその後、紆余曲折を経て、海部俊樹新総理への流れができていく。総裁選を控え、龍太郎は記者団との懇談で出馬の意思のないことを表明し、その後に「ただ（マスコミに）女性問題が出たときには、それを跳ね返すためにも、出馬しようと思った。これまでに、幾度か恋をした。しかし、お金で契約したり、子供の認知問題などで脅されたことはない」

この男にして賢妻あり

愛妻家と称しながら、浮気の山を築く男は多い。妻に浮気の事実を隠し、バレないように嘘の人生を歩む。こういう人種は愛妻家とはいわない。では、恐妻家か。

そう言える人もいるかもしれないが、本質的には「どこか信用の置けない」男である。

龍太郎は、記者に対して「幾度か恋を」と、語った。記者に言うくらいだから、先刻、夫人もご承知だったろう。

龍太郎は、愛妻家であった。今でもそうである。久美子夫人は、類いまれな賢夫人である。

かつて、夫人が私にこう言った。

「女にモテなくて、胡散臭さを感じさせる男より、モテる男のほうが好き。私はモテる龍（彼女は、こう呼び捨てにする）が大好き。何があっても信じているしね。でも、五人の子供たち

が身を隠さなければならないようなことをしでかしたら、私たち六人、タッグで勘当してしまうわよ」

また、

「子供が生まれる十ヵ月前には、必ず選挙があったのよ」

と、いたずらっぽく笑って言ったこともある。何のことやら……。

因みに五人の子供は長女が寛子さんで、この名は、佐藤栄作夫人の名を貰った。その時、佐藤さんは「男の子が生まれたら、栄作と付けるのか」と龍太郎をからかったそうだ。

長男は龍君。由来を説明するまでもないだろう。次女は厚子さん。父・龍伍、龍太郎ともに厚生相を経験、厚生行政に強い関心を持っていたためである。次男は岳君。山に惹かれていた龍太郎らしい命名だ。末っ子の三女は旦子さん。朝日のように光り輝いてほしいという思いが込められている。

さて、龍太郎の立候補を阻止したのは、竹下派会長・金丸信氏の意を汲んだ小沢一郎議員の策謀であったが、それは後まで続く一龍戦争の第一ラウンドでもあった。

小沢一郎、塾のしきたりで言えば小沢一郎君は、第二次吉田内閣の運輸大臣などを歴任、「闘牛」の異名を取った剛腕政治家・小沢佐重喜の長男である。都立小石川高校から慶應義塾大学経済学部に入学した。一九四二年生まれで、龍太郎や私たちより五歳若い。

彼らの世代は都立全盛の時代で、小石川も日比谷、西高に次いで高い東大合格率を誇っていた。そういう意味で、小沢君は都立出身者特有のコンプレックスを抱いていたかもしれない。

一方、塾に入って、新たなコンプレックスを抱いたのも間違いない。見てくれも言動も、慶應ボーイのスマートさを欠く。善きにつけ悪しきにつけ、岩手県出身ということが彼の人格形成に関係したのではないか。

経済学部を卒業した小沢君は、弁護士を目指して日大大学院に入学、在学中に父が亡くなったため地盤を継ぎ、六九年、二十七歳で衆院に初当選した。

議員としては、龍太郎の二期後輩。ともに二代目で田中派、竹下派の逸材と言われたこの二人だが、陰と陽、水と油のようなところがある。

両議員の先輩議員の秘書をしていた女性が、二人を比較してこんなことを言っていた。

「一ちゃんは、いい人って評判よ。女性秘書が妊娠しちゃって困っていたとき、『父親は俺ということにしておけ』と言って、相当な退職金を払ったって噂。橋龍には、そういった気前のいい話、聞かないわねえ」

この話は、眉に唾をつけて聞いておく必要がある。果たして、本当の親は誰なのか。勘ぐれば、自分の子の母親に手切金を渡したのではないか。

龍太郎が、記者との懇談で「お金で契約したりしたことはない」と言ったのは、恋の純粋性の証明ではないか。お金を払えば、古くはお妾さん、新しくは愛人と呼ぶ関係ということになり、恋という文字には相応しくない。

お金に関していえば、小沢君は、金持ちである。だから、かつて自民党を割り、新生党を作り、新進党も割って自由党を結成し維持している。しかし、その金の出所は、不明というか不明瞭だ。

龍太郎は金がない。自民党の幹事長を経験すれば、家どころか蔵がいくつか建つという説がある。数百億の党費を自在に出し入れすることができるからだ。その幹事長を経験しても、金がないというのは稀有の例だ。

龍太郎は、幹事長の前も後も住いは変わらない。長いこと六本木に近い鳥居坂のマンションに住んでいるが、中に入ると、公営アパートではないかと思うぐらい質素だ。

衣は、とある理由でいい物を着ている。大学の同期生「壹番館洋服店」社長のメージこと渡辺明治が、折につけ、スーツを新調してやる。料金は、友人価格の最低レベル。すると、

「もう一着つくってもらおうかな」

と注文し、現金正価を払う。

メージが、

「やりにくいよな」

とこぼす。

「友人だからこそだ。友達を贈収賄事件に巻き込みたくはないよ」

と、龍太郎も私も笑う。

一方、こんな話もある。ある編集者が、あきれ返ったような顔で言った。

「自宅近くの写真撮影の時、セーターを着ていたんですが、そのセーターが穴だらけで」

セーター一枚買う甲斐性がないというわけではない。私生活では見栄を張らないのだ。

食は、美味を知っている。政財界の会合をファスト・フードの店でやるわけにはいかない。料亭、ホテルで出された物を食う。当然、まずくはない。自宅に行くと、自分でチャーハンなどを作っていたりする場面に出喰わす。

山男はなんでも食う。剣道部はドカ飯を食う。

小沢君は、心臓疾患をしばしば取り沙汰される。心臓疾患は、美食が原因であることが多い。龍太郎も小沢君も、不勉強な人間、とりわけ馬鹿なジャーナリストは嫌いだ。場違い、トンチンカンな質問に出くわすと、小沢君の目は三角になる。「だ、ちゅうの」という言葉を女性タレントが連発し、流行語大賞に選ばれたことがあるが、小沢君は不快を表わすときに「ちゅうわけだ」などと「ちゅう」言葉を連発する。お国自慢なのかもしれない。

龍太郎は、不快な時には、微苦笑を浮かべ慇懃無礼な物言いになる。もっと不快な時は気色ばみ、木で鼻をくくるような対応をする。

「もう少し、テレビ向きの対応をしろよ」

と言ってみるが、あまり忠告の効果はない。

小沢一郎の強引な裏技

一九八九年八月。海部内閣が発足、龍太郎は蔵相に、小沢君は幹事長になった。ライバルが党と内閣とに別れて、国を引っ張っていくことになったが、小沢君の気持ちの中では、わだかまりがあったはずだ。それが金丸信氏の意だとはいえ、龍太郎の足を引っ張ったのだ。

本来、鼻っ柱も強ければ、喧嘩も強い龍太郎だから、売られた喧嘩は買う癖がある。しかし、プライバシーを下敷きにした喧嘩を買うほど、彼は馬鹿ではない。一方の小沢君はどうだったか。

彼の率いる党というより、私党と呼んだ方が相応しい自由党が、ここ二回の選挙で放映したテレビＣＭがある。最初のＣＭは、殴られても殴られても、一本道をいくというもの、二〇〇一年七月の参院選のＣＭは、旧体制を象徴する巨大なロボットに飛び込み、破壊するというもの。ちょっとやそっとではくじけない、剛腕政治家という彼のキャラクターを表現していて、議席増をもたらした。

しかし、表面のイメージとは異なり、内面はかなりナイーブ、ナーバスな面があるはずだ。プライバシーをネタに、龍太郎の総裁選出馬の出鼻をくじいたことに、内心忸怩たるものがあったのではないか……。これは政治家を数多く知りながら、政界に住んではいない私の、甘ったるい評価かも知れない。

だから、今も心の中では「一龍」が手を組めば、強力なリーダーシップを発揮して、ガタガタになった日本を再建させることができるのではないかという、妄想を抱くこともあるのだ。実際、石川先生が塾長の時、両者を招いて話し合ったことがある。「それぞれに欠点はあるだろうが、その欠点をカバーし合う形で協力すれば、パワフルで、リーダーシップの取れる政府ができるだろうに」というのが、石川先生の思いだったと推測する。

翌九〇年二月の衆院選では土井人気が吹き荒れ、社会党は八十四議席から百四十議席に大躍進したが、自民党も二百五十議席から二百八十一議席と勢力を拡大した。土井人気に対抗したのは、橋龍人気であった。この選挙の自民党のメイン・テーマは、リクルート事件の禊《みそ》ぎと消費税見直しであったが、一方、国民の多くが橋本政権樹立を願っていることが、各種の世論調査で明白になっていた。

選挙でも、龍太郎行くところ、人の波であった。

下町に行くと、商店街の店主や客がいっせいに飛び出し、声援を送る。

美男子は、得である。

かつて、政界の美男子として知られたのは佐藤栄作さんで、「政界の団十郎」という渾名が付けられた。佐藤さんは「議員・橋本龍太郎」の生みの親であることは既に述べたが、その龍太郎には「政界の玉三郎！」という声援が飛んだ。

小泉ライオン人気も凄まじかった……と過去形で言わなければならない状況にあるが、龍の方が、正統的人気だったように思える。

岡山二区。龍太郎の選挙区でも圧倒的な人気で、ライバルで安倍派の加藤六月議員を十万票も引き離す十八万弱の票を得た。龍太郎は、実は選挙には強くないタイプだ。岡山の地盤は父から譲られたもので、龍太郎本人は地縁がない。東京生まれの東京育ち、唯一繋がりがあるとすれば、呉羽紡績に就職したことだが、これも選挙目当てではない。

しかも、父親と同じく視線は国政に向いており、地元の利益など二の次といったタイプだからだ。

したがって、これまではあわや落選かという窮地に立たされたこともしばしばだったが、この大勝は総理候補として恥ずかしくない基盤を確立したともいえるだろう。

思わぬスキャンダルの集中砲火

第二次海部内閣で、龍太郎は蔵相に再任されたが、問題は山積していた。消費税見直しに関しては、凍結を主張する野党の抵抗に遭った。日本とアメリカの関係も怪しげであり、日米構造協議では公共投資の増額を求められ、政府は四苦八苦したが、なんとか折り合いを付けた。時代が変わったとはいえ、今の公共投資に対する認識は天と地ほどの違いだ。

八月、突如として湾岸危機が勃発。

十二月、第三次海部内閣が発足、龍太郎は留任。党の方は、相変わらず小沢幹事長が牛耳っていた。

九一年二月、毎年時事通信が行なっている「次期首相として望ましい人」「なると思う人」というアンケート結果が発表された。「望ましい人」では、一位・橋本龍太郎で一五・八パーセント、二位・石原慎太郎氏の一一・四パーセント。「なると思う人」では一位・橋本、二位・海部首相（の続投）。剛腕・小沢一郎が四位に顔を出している。

とはいえ、当時の小沢幹事長は、コワモテといった表現が当たっていた。高齢の鈴木俊一都知事の出馬阻止のため、自民党都連を押さえ付け、公明・民社両党と組みＮＨＫ出身の磯村尚徳氏を担ぎ出すなど、力任せの荒業が目立った。もっとも、この都知事選では見事一敗地にまみれ、彼に対する評価も下落、後に幹事長を引責辞任することになる。

九一年六月、証券各社の損失補填問題が明るみに出た。バブルが崩壊、株価は急落したが、その時、野村・日興などの証券会社が顧客の損失を穴埋めしたという、一大スキャンダルが明らかになったのだ。

さらに、龍太郎の秘書が関与したとされる十一億円あまりの不正融資問題が発覚した。

龍太郎は「秘書に対する監督不行き届き」と釈明したが、腹は決まっていた。これまでの政治家絡みの事件で、多くの政治家が「秘書が」「秘書が」と責任を秘書になすり付けてきた。「自分も同じ言葉を使って、地位に恋々とする気はない」と思ったのだろう。蔵相を辞任する意思を固めたのである。

古くからの友人からすれば、不正融資に龍太郎が関与したとは、思えない。

身内や親しい人が、悪事の悪事が露見すると「うちの子の限って」とか「信じられない」という言葉を口にする人が多い。遠い昔を振り返ると、私の父は「俺の子だから、やりかねない」と思っていた風情があった。だから「山を止めろ」とは一言も言わなかった。「やめろ」と言ってやめるタマではないし、何をやらかしても俺の子だという、腹の括り方をしていたのだろう。

龍太郎に関しては逆である。

「あいつだからこそ、他の政治家とは違う」というのが私の今日まで続く思いで、だからこそ、時には「政治家失格じゃないか」と、からかいもしたのだ。

そんな時、龍太郎は、

「川チンも、道を間違えたな。俺よりお前の方が、政治家に向いているよ」

と、マジな顔で切り返してきた。

龍太郎は独特の美意識を持っている。周囲で展開されるドロドロとした世界から一歩も二歩も、距離を保つ。これは逃げなのか。そうではない。国のために泥をかぶれというならいつでもかぶる。しかし、個人的な利害得失に基づいて泥をかぶるのは屈辱だ。

二代目からくる、心理的な余裕かもしれない。

ある時、こんなことを言った。

「俺が一番大切にしているのは、家族さ。政治家は国を考える存在だが、家族を不幸にすることが起きるようなら俺は政治家をやめるよ」

「修身・斉家・治国・平天下」という言葉が『大学』の中にある。

自ら身を修め、家庭を平和にし、その後に国を修め、天下を平らにする。

逆に言えば、自分の家もしっかりと維持できなくて、国を云々できるわけがない。

物書きには「火宅の人」が多いという。絵空事の世界に生きるひとの特性かもしれない。ところが、政治家の家も「火宅」であることが多い。国政が絵空事であっては堪らない。龍太郎が、不正融資事件に絡むはずがないのは、政治家らしかぬ美意識がある故だ。

十月、橋本蔵相は辞表を提出。まもなく海部内閣は崩壊、宮沢内閣が成立する。

最大派閥が消滅した

宮沢内閣は、世にいうところのコンチクショウ「金竹小」によって誕生したといわれる。金丸、竹下、小沢三氏の微妙なパワー・バランスの上に成立したというわけだ。

この政変劇に、竹下派七奉行の筆頭奉行・橋本龍太郎はいっさい絡んでいない。

彼は無役の立場で、しばしのリフレッシュを楽しむとともに、自らのライフワークとして、地球環境問題の研究にいそしんだ。今でこそ地球環境問題は、人類最大の問題のように騒ぎ立てられているが、十年前には焦眉の急と考える人は少なく、永田町では、むしろ環境問題＝新規産業の創設ぐらいにしか捉えていなかった。龍太郎が環境問題に関心を示していることを知った政治家やマスコミは「新しい利権探し」と、うがって見たようだ。

九二年七月、参院選が行なわれ、前回十一人の当選者を出した連合の候補者が、当選者ゼロと完敗し、代わって細川護煕議員が結成した日本新党が、四人の当選者を出した。得票数は共産党の上を行き、自民、社会、公明に次いだ。どうやら社会が変わりつつあるという思いが、国民の中に生まれた選挙といえるだろう。

選挙後、参院選でさらに勢力が膨張した竹下派を直撃する大スキャンダル、佐川急便疑惑が表沙汰になった。八七年、竹下総裁が選出される直前、「皇民党」を名乗る右翼が、褒め殺しという手で竹下攻撃を続けた。この時、暴力団が介在、解決のために東京佐川急便社長から、暴力団のトップに金が流れたという疑惑である。

疑惑には「金竹小」が絡んでいるとされ、三氏は国会証人喚問を受けることになったが、八月末、金丸自民党副総裁が辞意を表明した。宮沢総理の後見役として就任した副総裁が辞任するというのだから、永田町に激震が走った。

さらに、金丸氏は竹下派の会長職も辞任、ついには議員辞職願いを提出した。

その後、特捜部の捜査で、金丸疑惑と氏の金満ぶりが明らかにされるが、同時にこの事件は、竹下派会長の跡目相続を巡る内紛を招いた。

これまで、少なくとも表面的には結束を見せていた七奉行だったが、現役閣僚の羽田孜蔵相、奥田敬和運輸相、渡部恒三通産相が支持する小沢派と、小渕恵三竹下派副会長、梶山静六国会対策委員長そして橋本竹下派副会長の反小沢派と、真っ二つに割れたのだ。

会長候補として、小沢派は羽田氏を推薦、反小沢派は小渕氏を立てての戦いは、結局、小渕会長就任で決着を見たが、小沢派は羽田派を結成、竹下派は分裂した。

田中派以来、自民党最大の勢力を誇っていた竹下派は消滅、自民党第四勢力の小渕派となってしまったのだ。

ただし、実態は竹下氏の威光衰えず、氏はキングメーカーとしての道を歩んでいく。

九三年、政局が大きく動いた。

「政治改革法案を国会でかならず成立させる。私は嘘をついたことはありません」

と、見栄を切った宮沢総理は、結果的に嘘つきとして内閣不信任案を突き付けられ、野党と羽田派の賛成で不信任案は成立、国会は解散となった。

解散後、武村正義議員ら十一人が自民党を離脱して「新党さきがけ」を結成。羽田派四十四人も自民党を離脱、「新生党」を旗揚げした。小渕派からは鳩山邦夫議員ら三人が新生党に走った。

解散総選挙で自民党は過半数を割り込み、三十八年間維持してきた政権を手放し、反自民・細川連立内閣が発足した。野に下った自民党は、河野洋平総裁、森喜朗幹事長、木部佳昭総務会長、橋本政調会長の党三役体制となった。

龍太郎は、戦後の保守政権発足以来、初めて野党の政調会長を経験することになった。しかし、遠からぬうちに自民党は政権に復帰する。その時に備えるのが、自らの務めと龍太郎は腹を据え、優れた部下の田村重信さん（現・慶應義塾大学法学部大学院講師。自民党政務調査会専門調査員）の協力のもと、いかにして日本の改革を行なうべきかを模索した。後、首相になった時提唱した六大改革案の原案は、この時に生まれる。

その年、田中角栄氏が七十五歳の人生を閉じた。葬儀に際し、旧田中派の面々は長女の眞紀子さんから、遺体との別れを拒否された。娘の怨念とはこれほどに強烈なものかと、人々は驚いた。

龍太郎は、マスコミのインタビューに答えてこう言った。

「親父が総裁になった時、遊説局長に命じられて、日本中をついて回った。長く会っていなかったので、凄く寂しい。ぼくらみたいな二世議員と違って、親父は自分で自分の人生を築いてこられ、それだけのものを持っておられた」

龍太郎は政界入り後、佐藤栄作氏、そして田中角栄のお二人を「親父」と尊称していた。彼の成長を見届けたのは角栄さんである。

竹下派結成の折り、その田中さんに反旗を翻さざるを得なかった時は断腸の思いだっただろう。

その最期の姿に手を合わせたいという気持ちを拒否されては、寂しさも一段と応える。

十七代自民党総裁に選ばれる

九四年。新年早々から、永田町は荒れ模様だった。政治改革関連法案が成立、新選挙制度が制定されたのはともかくとして、二月に入り、細川首相は「国民福祉税」構想を発表、それに武村官房長官が反対する。細川訪米後、武村官房長官の更迭論が持ち上がる。

連立与党というよりも寄せ集め、あるいは同床異夢の集団であるからして、あちこちにほころび、ひび割れが出てくるのは当然だ。

四月。突然、細川首相が辞任を表明、殿のご乱心なのか何なのかさっぱり分からぬうちに政権は羽田氏に譲られ、その羽田首相もたちまち失脚。六月には首班指名で村山富市氏が勝ち、自社さ連立政府が成立した。大蔵大臣には「さきがけ」の武村正義氏、外務大臣には自民党総裁・河野洋平氏が就任、通産大臣には橋本龍太郎。

しかし、龍太郎は二度にわたっての河野総裁からの就任要請を断わり、三度目にやっと受諾した。劉備玄徳が軍師・諸葛亮孔明を三顧の礼をもって迎えたという『三国志』の逸話が思い浮かぶが、こちらはもう少し、生々しさがあったようだ。河野、橋本ともども、次の総理の席が近づいていることを感じていたからだ。

これまで厚生、運輸、大蔵と歴任してきた龍太郎にしてみれば、外務のポストを経験することは将来を見据えれば不可欠と考えていたし、河野氏も同じことを考えていたからだ。しかし、当時の通産相は日米経済摩擦の処理上、外務大臣よりもはるかに重要なポストであった。

ナポリで開かれたサミットでは、日本政府きっての経済通であると各国首脳に印象づけ、カンター米国通商代表部代表との交渉では「タフ・ネゴシエーター」であることを知らしめた。九五年八月。自民党総裁選挙が行なわれた。候補として取り沙汰されたのは、自民党総裁で村山内閣に於ける外相である河野洋平氏と通産相の龍太郎であった。

河野洋平氏は党人派の代表格として君臨した河野一郎氏の長男で、龍太郎と同じ二代目であったが、父親ほどのカリスマ性を発揮できないでいた。自民党の議員も地方組織も、自民党の政権復帰を強く望んでいた。

そのためには誰がいいのか。

党内では「ミッチー」こと、渡辺美智雄さんの名も挙がったが、七十代の氏より一回り以上若い三七年生まれの河野、橋本のいずれかを選択すべきだという声が高まっていた。

両者が立候補声明を発すると、長老議員たちによる「品定め」が始まった。今日は「洋平」、明日は「龍太郎」と、定かならざる下馬評が飛び交うなか、立候補届け日の当日になった。

龍太郎から私のところに電話が入った。

「おーい、河野が降りちまったよ」

勝ち目なしと見た河野総裁が、立候補を断念してしまったのだ。

ということは、自動的に橋本総裁が誕生することになる。龍太郎も私も浮かない思いであった。候補者が思うところを存分に述べ合って信を問うことにより、党そのものの活性化が図れるのではないか。無競争の信任投票では「また密室政治ではないか」と国民の批判を浴びるだけだ。私は憤った。

「なんだ、あいつは。前回（の総裁選挙で）彼の選挙本部長になってやった恩を忘れたのか」

「それだけじゃない。総裁になればなったで、政調会長の龍太郎を陰に陽に批判する。いや、批判というよりいびりではないか。そういえば、こういう奴は子供の頃からいた。力もないのに、クラス委員とかの肩書きをもらうと、権力を持ったと勘違いして威張る奴」

「ハハハッ」と龍太郎が電話の向こうで面白がっている。

「外務大臣としてだってそうだろ。外交音痴、経済音痴の癖に、通産（相）のお前を差し置いて、経済外交をやろうとしゃしゃり出た。今度も自分の（総裁）再選間違いなしとふんぞり返ってたじゃねえか。それが負けるが勝ちじゃなくて、負けの二乗を選ぶとは政治家の風上にも置けないぜ。大体、新自由クラブを結成した時だって、仲間が全部抜けちゃって、最後は裸の王様じゃねえか。あの時の経験から何も学んじゃいない大馬鹿野郎だよ」

話すうちに怒りが新たな興奮を呼び、言葉が伝法になるのは私の悪い癖だ。

ところで、外交音痴という言葉は取り消さなければならない。何しろ、昨今の外務省スキャンダルを、外務官僚を慮って丸く収めようとしたのは、森内閣の河野外相だ。

それを、全くの素人の田中外相にひっくり返されたのだから、二度の外相を経験した「外交のプロ」も堪らない。もちろん皮肉である。

因みに「洋平・眞紀子」のラブ・ロマンスが若い頃に噂されたが、結婚しておけばよかったのに……というのは、今日現在の感想だ。

「まあまあ、そう怒るな。ちょっと待て。他の電話が入ったから切るぞ」

すぐに電話が鳴り、再び、龍太郎の声。

「おーい、対抗馬が立ってくれたよ」

「誰だ！」

「小泉だ。塾員の純ちゃんだ」

立候補届け出の締切り直前に、小泉純一郎元郵政大臣が、対抗馬として名乗りを挙げてくれたのだ。

「よかったな、龍！　一人相撲じゃなくって」

私たちは、負けを覚悟で立候補してくれた「純ちゃん」の男気に感謝した。

投票の結果は、橋本龍太郎三百四票、小泉純一郎八十七票。

ここに第十七代自民党総裁・橋本龍太郎が誕生したのである。

第六章　心のオアシスとは

早稲田の壁を打ち破れ

一九九六年一月。村山内閣に代わり、橋本内閣が成立した。二十六歳で初当選してから三十三年で、龍太郎は、政界の頂点、日本で最も強大な権力を有する座に着いたのだ。

慶龍会という後援会組織を結成し、まる十年バックアップしてきた私たちは、快哉を叫んだ。私的な感情は様々にある。例えば、慶應の社中という立場でいえば、犬飼木堂以来六十五年ぶりの総理大臣の誕生である。東大を頂点とする「官」の行政府支配へ楔を打ったという意味でも、大いに価値がある。

いささか矮小な見方でいえば、早稲田勢力に対する慶應勢力の勝利ともいえるだろう。

創始者・大隈重信公は出身者から除くとしても、早稲田は石橋湛山氏以後、竹下登、海部俊樹（中央大から早稲田）氏と、総理を出している。総理にはなれなかったが、河野洋平氏も党総裁となった。そのことよりも、政界に根付いた早稲田グループ、それも雄弁会という部のOBたちの跳梁跋扈《ちょうりょうばっこ》ぶりが目に余る。

そもそも雄弁会などという名を付けているが、日本に雄弁術を紹介したのは、何を隠そう福沢先生だ。オラトリーという言葉とその概念、そしてその必要性を福沢先生は説き、三田に今も残る演説館を設立した。

国会史に残る名演説として名をとどめているのは憲政の神様といわれた尾崎行雄（咢堂）翁が、桂内閣不信任案を提出した際のものだ。この演説で、桂太郎首相は政権の座から降りざるを得なくなってしまった。それほどに、内閣の非と憲政の道を示した堂々たる演説だったといわれる。翁は慶應義塾を中退したが、福沢先生の勧めで、ジャーナリスト、そして政界へと転進した。

早稲田の創始者・大隈公も「だからなんであるんであるんである」という演説で国民を沸かせたが、これは「迷」演説というべきだろう。故竹下元総理の演説は「言語明瞭、意味不明」として知られた。一般国民には、閣僚候補名簿などを眺めながら「彼はまだ若すぎるわな」と、品定めする氏の言葉の方が印象に残っているのではないだろうか。

演説の大家といえば、森喜朗前総理の名が浮かぶが、氏の場合は底の浅さが売り物で、しばしば舌禍事件を引き起こし、自分の首を絞める結果に終わった。

人柄の良さが売り物の故小渕元総理も雄弁会出身だったが、当時は物をしゃべらぬ部員として知られていたという。そういえば、渡部恒三元衆議院副議長の、ふるさと弁丸だしでの口調は和めるが、雄弁家とは言えまい。

つまるところ、雄弁会は雄弁本来の姿を追求する部ではなく、政治家になる糸口を探す、サークルといってよい。そして、早稲田OB議員が結成した国会稲門会は、仲良しクラブとして、持ちつ持たれつの関係を維持するシステムといえるだろう。

本来、早稲田出身者は学内では徒党を組むが、卒業すると仲間意識が稀薄になるという。ある早稲田OBがこんなことを言っていた。

「慶應の連中は、いつまでも、陸の王者などと、学生気分が抜けない」

「確かに」と聞き置こう。

「早稲田の卒業生は、海外旅行中で出合った日本人同士みたいなもんだ。『なんだ、日本人か』とお互いバツの悪い思いをするだろう。あれと同じで『何だ、早稲田かよ』と変に幻滅しちゃうんだなあ」

政界の早稲田OBの結束が固いというのは、そうせざるを得ないという事情があるのだろう。ともあれ、私は嬉しさと、長い間待たされたという思い、そして溜飲を下げた気分になった。電話で「おめでとう。よかったな」と言うと、橋本新首相は、

「うん、ありがとう」

と答えたが、どこか声が弾まない。

「これから、いろいろ、大変さ」

自民党総裁に選出されたときは、目にうっすらと涙を浮かべていた。それが彼の喜びの表現

だったのだろう。しかし、それはコップの中の嵐、いや、伏魔殿の嵐の中で勝ったに過ぎない喜びだ。首相となれば、一億三千万の国民の重みが肩にかぶさってくる。

折しも「住専」問題で日本中、蜂の巣をつついたように大騒ぎであった。確かに喜んでいる暇はない。

「橋本丸は、龍太郎の舵取りによって、荒波狂う『住専洋』へ出港していった」

もし、その時の龍太郎の心境をナレーションで入れるとしたら、こんな感じだろう。

威張る、拗ねる、怒るの真実

慶龍会を設立した頃、私は龍太郎を、再び、石川忠雄塾長に引き合わせた。

おそらく龍太郎は、「川チンのやることだから、まあいいか」くらいの乗りであっただろう。既に述べたように、龍太郎は、必要以上の先輩・後輩付き合いを好まなかった。

もう一つ、私たちのグループを除けば、エスカレーター組のグループに対し、距離感を置いていた。加えて大学教授は所詮、学者であると考えていたふしがある。政治家とは理想と現実を繋ぐ仕事であり、原理原則にこだわり理想論を振り回す学者とは話が通じないと思ってもいただろう。

ところが会ってみて、龍太郎は驚いた。人は、予断をもって判断してはいけないことを、改めて知ったようだ。その龍太郎からしてそうだ。

お笑いの芸人さんが、実は意外に気難しい人であるという話はよく聞くが、政治家の本当の姿も表面とは違う場合が多い。豪放磊落《ごうほうらいらく》を売りにしている人が、本当は肝っ玉の小さい人物であったりするものなのだ。

龍太郎が政界での「親父」と呼んできた二人のうちの一人、田中角栄さんは、早口で、よどみなく話す人として知られたが、実は吃音症であった。浪速節を唸ることによって、それを見事に克服したというエピソードを持つ。見た目と真実とは、大いに違うのだ。

龍太郎に関してはその性格を表わす言葉がある。

「威張る、拗《す》ねる、怒る」

真実はどうか。当たらずとも遠からずという所もないわけじゃない。

威張るとは、どういうことか。市井の人に威張ってどうする。町行く人の前で、ふんぞり返ってどうする。権威や権力を傘に着る連中を相手にすると、俄然胸を張る。

「堂々と勝負してやろうじゃないか」

それが龍太郎の威張る姿だ。拗ねるとはどういうことか。

家庭で拗ねることがあるらしい。久美子夫人と子供たちが、龍太郎を除け者にする。もちろん、本気で除け者にするわけじゃない。一種の家庭内ゲームだろう。すると、部屋の片隅で肩を落とし、指先を合わせて、ウジウジのポーズを取ったりする。

「この寂しいパパをどうしていじめるんだい」と言いたげに、訴えるような眼差しでチラチラ。

見てきたわけではないが、長年の付き合いから想像がつく。

「そうなんだってなあ」と、久美子夫人から聞いたかのように、尋ねれば、

「何、言ってやがる。俺だって、ポーズでやってるのさ」と答えるだろうが、可愛いパパであることは確かだ。

若い頃は、派閥の先輩諸氏に結構いたぶられた。傲慢に聞こえる発言、不遜に見える態度が原因の一つだったろうが「黒を白と言え」という理不尽な要求をするのも、派閥の先輩だろう。そこで正論を吐いても始まらない。やむなく、不承不承「黒は白です」という態度を示す。しかし、口の中でつぶやくのは、ガリレオ・ガリレイの「それでも、地球は回っている」という言葉だろう。それを見たものは「拗ねている」と表現する。

たまに仲間内で、酒を飲む。話たけなわ。

「え、それ、何のこと?」

「いいんだよ。龍には関係ない。下半身の話さ」

普段、そんな口を宰相には利かない。しかし、酒が入れば無礼講。しかも、何と言っても「天は人の上に人をつくらず」とおっしゃった先生の弟子筋だ。

龍様、悄然。ちょっと拗ねる。

高級官僚がしたり顔でものを言ったりすると、カリカリとくる。不勉強なジャーナリストが場違いな質問をすると、ピキピキと青筋立てたような表情になる。

森内閣末期、次期総裁候補のトップと目され、記者が「出馬の意向」を尋ねた。

橋本行政改革・北方・沖縄担当大臣、誠に不愉快な顔をして「今、こうやって、必死に仕事をしているんですから」

馬鹿なことを聞くなという怒りが、ありありであった。テレビに映ったその姿を見ながら、私は呟いた。

「龍太郎らしいや。適当にはぐらかしゃいいのに」

しかし、龍太郎の姿勢は正しい。彼は森総理と相性が決してよいわけではない。あの、何に付けても締まりのない言動には、常々頭にきていたはずだ。

それでも、大臣を引き受けたからには、とことん仕事をやる。ましてや森総理が自ら辞任を表明したわけではない。辞めると言っていない者の後釜を狙うかどうか答えろと言うのは、無理な話だ。

今、私なりに深読みすれば、龍太郎はこう考えていたのではないだろうか。

「首相の首を替えたからといって、世の中がうまくいくというものじゃない」

実際、最近は、「森内閣のままでも、よかったのじゃないのか」という声が挙がっている。あるいは、「橋本内閣にした方が、マシだったんじゃないか」という声が起こりつつある。

構造改革を本当にやるのはだれか

構造改革も行政改革も万年テーマであった。古くは中曽根さんが主張した。しかし、氏の場合はパフォーマンスだったと思えてしまう部分もある。ロッキード、リクルート事件は無論のこと、さまざまな疑惑に必ず名を噂されてきた人物に、何にせよ「改革」を求めるのは、八百屋で魚を求めるに等しい。いや、魚屋で栗を求めるに等しいといったほうがよいだろう。

「したたかと　いわれて久し　栗を剥く」

中曽根氏の句である。

本格的にというより、目の色を変えて行政改革、構造改革に取り組もうとしたのは龍太郎であった。

小泉首相は「改革断行内閣」を宣言、国民の圧倒的支持を受けてきたが、その方策はいまだ見えない。彼の頭の中に、龍太郎ほどの戦略があるのだろうか。

小泉内閣は、別称ワイドショー内閣だが、さしものワイドショーも最近は冷たい姿勢を取り始めている。先日のワイドショーで、あるコメンテイター氏が憤慨していた。

「小泉首相の底が見えた」というのだ。

箱根での夏休み明けに小泉首相が、記者団に色紙を見せた。そこには、自分の心境を吐露した短歌が書かれていた。

「柔肌の熱き血潮を断ち切りて　仕事一筋　我は非情か」

コメンテイター氏は言った。

「与謝野晶子かなんだかの歌を盗用する創造力のなさには、がっかりですね。改革断行する構想なんて描けるとは思えない」

私も小泉首相の色紙をテレビで見て、耳が赤らむ思いだった。

与謝野晶子の歌は、

「柔肌の熱き血潮に触れも見で　寂しからずや　道を説く君」

である。この素晴らしい歌を勝手に汚してほしくない。

彼がキャッチボールをする姿をテレビでしばしば見る。スポーツ好きなのだそうだ。だが、いつも投げる球はスローボール。フォークとは言わない。せめてカーブとかシュートぐらいは投げてみたらいかがか。キャッチボールが好きな者なら、そのぐらいのボールを投げることができる。

龍太郎の、剣道の実力はいかほどか。錬士六段。全日本に出場するほどの実力はないが、町道場を開くくらいは立派にできる。言うならば、プロの力である。小泉首相の草野球以下のピッチングとはまったく違うし、何よりも剣道の「道」の心に達している。

高校時代で縁を切ったはずの登山家としての力はどうか。

「俺はヒマラヤに関して、お前より、遥かに先輩だよなあ」

四十年前、未当峰のヒマルチュリの登頂隊員であった私を前に、嬉しそうに言う。地団駄を踏む思いだが、事実は事実だ。

高校を卒業した時、きっぱりと山との縁を切った龍太郎だが、七〇年にネパール・ヒマラヤの入山・登頂が解禁されると、彼の山への情熱が蘇った。まず、日本の登山家の悲願であった世界最高峰のエベレスト登頂とスキーでの滑降を試みる三浦雄一郎隊の派遣を支援した。さらに、第二次RCC（ロッククライミングクラブ）代表の奥山章さんと湯浅道男さん（愛知学院大学教授）に懇請され、アルペンガイド協会会長に就任した。

以後、湯浅さんの真摯な山岳魂に共鳴し、活動を広げていく。七三年、世界初の秋季エベレスト登頂に成功、不可能の壁を打ち破った第二次RCC日本エベレスト南壁隊、八〇年、八三年には難峰中の難峰を目指したガウリンヤンカール登山隊、さらには中国・日本・ネパール・チョモランマ・サガルマタ（エベレスト）友好登山隊、八九年の京都日中友好会同志社大学山岳部パミール遠征隊、九二年十月のナムチャャハワ日中両国登山隊などの総隊長として、しばしばヒマラヤに足を踏み入れた。

八四年には、八千メートルの連峰の縦走と、あわせて、世界最高地からのハンググライダー飛翔を試みるという破天荒な計画を携えたカンチェンジュンガ縦走登山隊の総隊長を引き受け、無事故のもと見事に成功させ、世界の山岳界を驚かせた。

確かにヒマラヤに関して、龍太郎は私よりも多くの経験をしている。しかも、ヒマラヤの五千メートル以上の高地でもケロリとしている。

幼稚舎から大学山岳部まで鍛えに鍛えた私が、ヒマルチュリで体調を壊した地点が七千メートルの少し上だったのに、である。ということは「龍太郎は、まだ七千メートルを体験していないではないか」という私の反撃でもあるが、それはともかく、龍太郎の凄いところはもう一つある。彼が率いた隊に参加した登山家が世界的レベルに達し、全ての日本の登山隊の登頂隊員になっている点だ。八〇年の日本山岳会チョモランマ登頂者（エベレスト三冠王）加藤保男君、チョモランマ北壁を登った重廣恒夫君など、枚挙にいとまがない。

この山での縁で、龍太郎の長男・龍君は、湯浅教授の人格にすっかり傾倒し、自らの意志で、愛知学院大学に進んだ。

一方の私といえば、二人の息子が社会人になるまで、山に登っていたことを一切伏せていた。山の装備も、記録や写真もすべて物置の奥に隠してしまったのである。彼らが山に登りだしでもしたら、生きた心地がしないと思ったからだ。迫力のない、小心な親父である。

「そういや、川チンの息子は山に行ってるか」

私の心の中をとうの昔に知っているくせに、嫌みなことを言う。

「あのなあ。前にも言っただろう。俺には、宝物の子供が二人しかいねえの」

「……子供は倍数だよ。多ければ多いほど、それぞれに対する愛情が膨れ上がっていくんだ。それにあいつらを見ていると俺の世界も広がっていく。どうだ、もう一人二人作ったら」

馬鹿野郎！

さらに加えて、龍太郎のカメラの腕もプロはだしである。私の書斎に、龍太郎が作ったカレンダーがある。代議士のカレンダーといえば、見たくない本人の顔が大写しになったものと相場が決まっている。だが、彼のカレンダーは違う。十七年前から、一月から七月、七月から翌年の一月までのカレンダーを作り支援者や関係者に配っているが、そこに使われているのは、海外に出かけた時スケジュールの合間に撮影した山野や花や鳥の写真だ。

二〇〇一年七月からのカレンダーには大小五匹の犬を連れて散歩する男の写真が使われている。「この街では、人も犬も紳士でした、（ロンドン・ハイドパーク）撮影・橋本龍太郎」とキャプションが入っている。並木のある石畳の道。しっとりと落ち着いた街のたたずまいが感じられる。

やること全てプロなみか、それ以上。政治家としても、断行内閣の面々よりも、遥かに上のプロフェッショナルなのである。

心のオアシスと熱帯の氷雨

石川塾長に会わせた後、二人がどのような付き合いをしてきたか、ご両人の言葉を並べてみよう。

「橋本君は、学生時代剣道部にいて頑張っていたようだけれど、当時は知らなかった。僕が塾長になり、私大連盟の会長をやってから、急速に親しくなったなあ」

「私と世代を同じくする経済人や官僚十人余りが参加していた中国問題の勉強会に石川先生に講義をお願いしたことがある。会は、三十分ぐらい先生にお話していただいて、後は食事をしながらの雑談で、二時間ほどの予定だった。ところが先生はいきなり『この頃学者として話をする機会がないので、食事はよいから、好きなだけ話させてください』とおっしゃられた。腹も空き、喉も渇いていたわれわれは思わずギョッとした。その哀れな顔に気付かれたのだろう、先生は『あなたたちはどうぞ遠慮なく食事をしてください。私は話したいんだから』と言われ、大講義が始まった。失礼とは思いながら、われわれは食事をしながら講義を拝聴したが、先生は二時間びっしり、現代中国成立のプロセスから、内蔵する問題点まで、丁重にあますことなく論じられた。先生は話し終わられると『いやあ、今日は久し振りに楽しかったよ』と、何も召し上がらず、そのままお帰りになった。

後に残った皆が異口同音に口にしたのは、『凄いなあ、本当の学者っていうものを見せてもらったなあ』という言葉だった。同席した仲間はほとんどが国立大学の出身者だったから『どうだ、ウチの塾長は？』と、私は内心自慢しながらその場を去ったことを覚えている」

総理になってから、龍太郎は、しばしば、石川先生の事務所に立ち寄って話し込んだ。

「ほとんど雑談だよ。橋本君はその時々の外交、経済などいろいろな話をする。人と話しながら自分の考えをまとめていくということもあるからね。僕も聞かれれば自分の見方を話す。的確な答えとはいかないかもしれないが、基本的な考え、古今東西の歴史の流れからの見方などを、自分の感じたままに話す」

石川先生は、ご高齢のため現在は車椅子生活を余儀なくされておられ、前ほどには頻繁に外出なされない。その代わり、最近は素晴らしい武器を手に入れられた。

「パソコンは、考えをまとめるのにいいね」

最近は、頻繁にeメールを龍太郎とやり取りをされているようだ。

龍太郎は言う。

「先生は俺の心のオアシスだからなあ」

抜き差しならぬ政界に生きる者の心は飢え、渇き、病むこともある。とりわけ、龍太郎のような特性の持ち主にはその傾向があるのかもしれない。

「じゃあ、俺はお前にとって何なんだ」

「そうだな。熱帯の氷雨ってとこか」

「何だ、そりゃ」
「突然、背中が凍りつくようなこと、言うだろ」

第七章　仲間がいるから頑張れる

首相の任期は最低四年

首相に就任した龍太郎は、政府の最重要課題として「六大改革」を唱え、この改革の達成を自らの使命とした。「六大改革」とは行政改革、財政構造改革、社会保障構造改革、経済構造改革、金融システム改革、教育改革である。

目標を掲げ過ぎた観なきにしもあらずだが、いずれも、彼がそれまでの活動の中で痛切に感じてきた日本の問題点ばかりである。

現実に、改革の目玉である行政改革では、二十二省庁が一府十二省庁に再編され、二〇〇一年からスタートした。また、特殊法人・公益法人の根本的見直しも行政改革の一環として橋本内閣が手を着けた問題だが、やっと今年になって、本格的な動きを見せ始めた。

財政・経済・金融構造改革は、相互に深くかかわる上、橋本内閣時代よりはるかに悪化してしまった景気の動向ともリンクしているため、今日にいたって、かえって先が読めない状態になってしまった。あの時、龍太郎が続投していればとつくづく思わざるを得ない。

いずれにしろ、改革に本格的に手を着けたのは橋本内閣である。しかし橋本内閣は、参院選の敗北の責任をとって、成立後二年七カ月で総辞職することになった。

石川先生はかつて、こうおっしゃった。

「首相は、最低四年はやらなければ、何もできません」

アメリカ大統領の任期は一期四年、最長二期だが、一期で終わるケースは少ない。八年の任期を与えてこそ、思う通りの政策を実行できると、アメリカ国民は考えているのだ。四年ごとの大統領選挙は、最初の任期中に何をしたのかのチェックであって、よほどの失政がない限り再選されるのは、クリントンの例を見れば分かる。日本では、都府県知事を始めとする自治体の長の任期が四年、何をやっているのか分からない参議院議員の任期が六年。その参院選の敗北の責任をとって内閣が総辞職するというのも理解に苦しむ。

石川先生は、こうもおっしゃった。橋本内閣に対する批判が高まった頃のことだ。

「よもや、橋本君は辞めはしないだろうね。彼は、古いところのある人間だからなあ」

「マスコミは『花道』と騒いでいるが、やめる場合は花道とは言わない」

古いとは、もちろん守旧派という意味ではない。日本人が古来持っているはずの、責任感、正義感、廉恥心、美意識……、そういった美徳と節度があるという意味だ。

「リーダーの処し方、辞め方には三通りある。一つは課題を成し遂げて勇退する場合。二番目は、課題に向かって全力で取組み、火だるまになって退陣する場合。三番目は、その日暮らしをして野垂れ死にすることだ。一番目の形で終わればそれに越したことはないが、その中で、二番目のところに覚悟を据えてやるべきではないか。要は、何にでも恐れることなく、思う存分やったらよろしい……ということだ」

これも石川先生の言葉だ。

龍太郎が首相に就任した時、「六大改革を、火だるまになってやる」と言ったのが、今も耳に残っている。

私たちの後援会組織「慶龍会」の定例会に出席された石川先生は、

「明治以来、優れた業績を残した首相は、みな批判を浴びたものです」

とおっしゃった。

「人の価値は、棺の蓋を覆うて後、分かる」という。龍太郎の棺桶の蓋を覆うには早すぎるし、その気もない。アラスカ・マッキンレーの氷河辺りで、共にその死を悼んだ植村直己の在りし日の姿を思い浮かべながら凍死するのなら、考えてもいい。

しかし、本当の龍太郎の心根を知り、本当にその能力を知る者は、早すぎた辞任を惜しむ。惜しむだけではすまない。

「どうしてくれるんだ龍太郎！」

と、怒りたい気持ちで一杯だ。

橋龍内閣後の空白

橋本内閣の後を継いだのが小渕内閣である。小渕恵三さんは龍太郎と議員同期で、同い年。選挙戦では、中曽根、福田という巨魁に挟まれて、いつも最下位当選という苦境に喘ぎつつも、しぶとく生き抜いた。龍太郎とは「龍ちゃん」「恵ちゃん」と呼び合う仲でもあった。

だが、政権を担当する政治家としての能力はどうであったか。人柄の良さでは定評があったが、人柄だけで国は運営できない。株が下がれば畑の蕪を持ち上げて株価上昇を願ったり、景気対策といえば公共投資にベラボウな金をばらまき、「僕は世界一の借金王だね」と笑う。もちろん、氏の人柄を知る龍太郎や私は、その笑いの中に彼の苦悩を見たが、やはり総理の器とは違った。

小渕総理が亡くなった時、「かわいそう」という声が国民の中から挙がったが、それは死に行くさまの悲劇性とは別に、「総理になんかならなければ死ななかったのに」という思いの声であったに違いない。

小渕さんの後は森喜朗内閣である。森さんは世間が指弾するほどに悪い人ではない。むしろ、人柄は良い。ただし、体に比べてハートが小さいところがある。

月刊誌「噂の真相」で若い頃の買春容疑をつつかれたのがケチの付き始めだが、なぜ、あの時、一言「若気の至りで」と言えなかったのか。

買春行為を褒めるつもりはないが、売春は世界最古のビジネスという。売り手がいれば買い手がいるのは、現在の風俗ビジネスの繁盛ぶりでも証明されているではないか。

長谷川町子さんの『意地悪ばあさん』という漫画がある。時は一九五七年。売春防止法制定の前後の『意地悪ばあさん』にこんなシーンがあった。

法律成立の立て役者とおばしき鶏がらのように痩せたおばさんが、壇上で「売春を禁止せよ」と大熱弁を振るっているところに、意地悪ばあさんが、プラカードを持って現われる。プラカードには「これじゃ男は、たまらない」と大書してあった。

そういった時代の行動なら、一言お詫びすれば済むものを。

その第二次森内閣が、支持率の急降下という世論の力でたちまち崩壊。せっかく龍太郎が、意を決して行革・北方・沖縄相に就任したのに、わずか四カ月で、何をしろというのか。

「十年の空白」という言葉がしばしば使われる。主にバブル崩壊後の経済政策を指しているが、それをいうなら橋本内閣辞職の後の「三年の空白」と呼ぶのが正しいのではないだろうか。もし、龍太郎が首相であったら、まさに火だるまになって「六大改革」を遂行したであろうからだ。その空白は、小泉「純素人」内閣に受け継がれるかも知れない。何たることだ。

ジャーナリズムに文句あり

私は学生時代、必要な授業を受ける以外はほとんど山に登っていたから、世事に疎かった。

しかし、水野産経新聞社長の秘書時代、多くの新聞記者と知り合うことになった。

産経新聞の記者は無論だが、水野社長のもとに取材に来る他社の記者の応対もしなければならなかったからだ。さらに時代は下り、龍太郎が通産相に就任した頃は、龍太郎番の記者たちと顔見知りになり、総理時代は総理番記者が私の自宅まで上がり込むことも多かった。ある記者は、

「川田さんは、総理の報道官ですか」

とヌカしたが、

「馬鹿言え。俺はそんなおしゃべりじゃない」

と言ったこともある。そういった記者の中には優秀な者そうでない者、正統派、風変わり派、甘党、辛党、様々なタイプがいた。しかし、昔の多くの記者に共通していたことは「社会の木《ぼく》鐸《たく》たれ」という信念を抱いていた点だ。そうなるためには勉強もしていた。こちらが知らないことを熟知していたりする。秘書時代は年端もいかぬ若輩であったから、彼らから様々なことを教示された。時には、怪しげな場所についても……。

その頃、政治記者は政治関係を、経済記者は経済問題をと、めいめいが専門分野を把握していたものだ。

あれから、四十年。

記者の質の低下は、きわめて憂慮すべきことである。かつて新聞社はジャーナリズムの中でも花形とされていた。しかし、今は、テレビ局を志望するものが多いという。それもアナウンサー、そしてアナウンサーからキャスターになりたいという希望が多く、報道記者を望む者は相対的に少ない。画面に登場できることがステータスだと考えているようだ。

その結果、新聞記者の質が低下する。

記者の質だけではない。新聞社のシステムも様変わりしている。政治記事を社会部記者が書いたりすることが多くなったのだ。恐らく、政治部の記者が書く記事がおもしろくないためだろうが、社会部記者の書く記事はセンセーショナリズムに偏向しやすい。

「……被害者の家族は、目に涙を溜め、心の中で悲痛な叫び声を挙げた」

こんな記事を読むと私は「見てきたような……」と、吐き捨てたくなる。目に溜まった涙を確認できるほど近くにいたのか。心の中の呟きをどう聞くことができるのだ。

底が割れるというか、あるいは表面だけの上っ滑りした記事が、最近の社会部記者の得意技のようである。したがって彼らの書く政治記事も同様。政界の奥にどのような正義と、どのような暗部があるのか、全然見えてこない。また、社会部記者に限ったことではないが、責任を社会や一般大衆に押しつけようという傾向がある。

「一般国民が怒っていますが……」

一般国民って誰なんだと聞きたくもなる。何かことが起きると、センセーショナルに報道して人々の情念を刺激し、その反応を世論という形で束ねてしまう。

もっとも、小泉ブームや眞紀子ブームに火を点けたのは新聞ではない。テレビや女性週刊誌、芸能ジャーナリズムが、おべんちゃらを語ったり書いたところから始まった。

新聞記者はどう思っていたか。善きにつけ悪しきにつけ、彼らの本当の姿を知っていたはずである。

眞紀子外相……。こういう呼び方が定着するのがそもそもの間違いで、田中眞紀子外相、もしくは田中外相と呼ぶべきだ。田中眞紀子外相より遥かに可愛げがあり、しかも優秀とされる野田聖子議員を聖子議員とは呼ばない。そうか、橋本聖子議員もいるせいか。

そういえば、十月二日の鶴保庸介君・野田聖子さんの「結婚を祝う会」に私も出席する予定でいたが、アメリカを襲った同時多発テロ事件の多大な犠牲と日本人の尊い命への哀悼を表するため、会を延期するとの連絡を受けた。

さて、その田中外相が庶民感覚とほど遠いところにいることなど、記者なら先刻承知のはずである。それは、ひとまず枝葉末節のこととしておこう。

しかし、そういった人物がどのような政治手腕を発揮するか、期待とともに危険性を明確に指摘するのが「社会の木鐸」の使命ではないか。

龍太郎の時もそうだったが、テレビや女性週刊誌から一般週刊誌にネタが飛び火し、世間が騒ぎ出した頃に尻馬に乗って、スキャンダルを書き立てる。ちょっと卑怯だと、私は思う。

ついでに、テレビのパーソナリティーやコメンテイターにも物申しておきたい。

田中外相が、参院選挙の候補者の応援に行った際にした発言が「応援どころか、足を引っ張った」という批判を浴びた。その時、大方のテレビ関係者は「あれはジョークですよ」と田中外相の肩を持った。

それはそれでよい。だが「それにしても下手なジョークですね」くらいなことは言えないのだろうか。小泉首相のキャッチボール同様、アマチュア以下のジョークである。

気が付いてみれば、このところ、小泉首相、田中外相バッシングが始まりつつある。今頃になって叩くよりも、早めに警告を発してくれたほうが、国民に分かりやすいし、国民の思考を回り道させずに済んだはずだ。ジャーナリズムにもその程度の義務感と責任感を持ってほしいものだ。

今なにするや龍太郎

龍太郎が、総理辞任直後のことである。鳥居泰彦慶應義塾前塾長（石川先生の後任）と、高橋潤二郎義塾前常任理事と私の三人で、御苦労さん夕食会を開いた。肉の塊を頬ばりながら、

「ホレハラ、オレハヒ、ハンニンカラ……」

「のみ込んでからしゃべれよ」

「失礼。これから俺たち、三人から訊きたいことがある。一つ、捲土重来を期し、再び政権獲得を目指すか、二つ目、自分の独自の世界や専門分野で、研鑽を深めるか、三つ目、きっぱりと引退するかの三つの生き方があるが」

龍は、一と三には頷かず、

「一服したら、グローバルなテーマを全うしたいな」

と答えた。

今、龍太郎は何を考え、何をしているのか。二〇〇一年八月九日、毎日新聞夕刊・特集ワイドにその辺りのことが報じられているので、抜粋する。

机の上に置かれたパソコンに向かい、マウスを動かし、キーボードを叩く。

画面に現われたのはeメール。それも辛辣なものばかり。例えば、「なぜ、小泉内閣に協力しないのか」「相変わらず意地悪く見える」「厚顔無恥の橋本派の衰退を期待する」

龍太郎が運輸相として国鉄改革（民営化）を手掛けた際に「てめえみたいなやつは死んじまえ」という手紙が来た。「死ねとはひどい。私はレールを一メートルでも残したいために一生懸命にやってるんだ」と返事を書いたら、「まさか、読んでくれるとは思わなかった。頑張って下さい」と返信が来た。それ以降、ちゃんと手紙を読んで返事をくれる大臣という噂が立って、さまざまな手紙が来るようになった。

「それがeメールに変わっただけ、私は（悪口を言われるのは）ごく普通のことですがね」

政治家のホームページ開設のはしりの一人なのである。

小泉総理に対してはこう述べる。

「あれだけの支持を得られるのは凄いですよ。ほんとに凄い。それだけの魅力のある人だもの。私自身、竹下内閣の時に厚生大臣に推薦したし、私の内閣の時も厚生大臣をお願いした」

抵抗勢力の首魁と思われてることについては、

「小泉さんに、行革を助けてほしいと要請されてるんですから（行革本部常任顧問）、抵抗勢力と呼ばれるのは心外だな。もちろん、小泉さんとは、首相公選制、靖国神社、郵政三事業の三件については意見が違います」

「しかし、郵政の公社化までは二人の意見は一致していたのですが……」

「特殊法人や公益法人の改革については、大変申し訳ないが、小泉さんより私の方が詳しい。自分でやってきたんだからね」

公務員制度改革の要は「人」だという。中央官庁の幹部リストが真っ赤になっている。東大法学部出身者の欄を赤く塗っているためだ。

「どう見たっておかしいですよ。これからの霞が関は優秀な人材の獲得競争をやるんですからね。誰もに昇進のチャンスがある、魅力的な制度でないと駄目でしょ。私立は能力がないんですか？　理系は能力がないんですか？　そんなわけない」

「権限や金を背負って出ていく天下りはいけないが、官民の人材交流はもっとやるべきでね」

「公務員の数は減らしていくけど、待遇はよくしたいんです。省庁再編はなっても、人材がいないとね」

小泉首相は派閥解消論者だが。

「（小泉首相が所属していた）森さんのところ、解消したの？　それが答えです」

「派閥は中選挙区時代と小選挙区時代とで、変質している。複数の議員がいたときは、得手、不得手があって、それで地元全体のことがやられたわけです。いまは一人でやるしかない。派閥は情報交換の場、相互協力の場ですよ。学校の同窓会、仲良しクラブみたいに、人は同類が自然に集まり、群れを作ります。といって、一枚岩でもない。総裁選挙で私に投票しなかった人もいるわけでね、その人たちを追い出したかというと、そんなことはしていません。私は小渕さんみたいに人付き合いがよくない。よく怒られる。もっとみんなと遊べとか。青木さんや野中さんとの集団指導体制だって言われるけど、間違いなくそうなんですよ。派閥の長は私の才能に余る。ところで、橋本派って呼ばれるのも、私、好きじゃないんですけどね、平成研です！」

もう一度総理大臣になりたいか。

「ハハハ。それほどうぬぼれてはいません。この前（四月の総裁選）だって、出たくて出たんじゃない。結局、みんなに推されて。勝てると思っていませんでしたから」

概ね、本音で記者と語らったように思える。

危やうし日本、その時に

今、龍太郎の関心が向いていることが三つある。一つは高齢化問題だ。高齢化はなにも日本だけの特別の現象ではない。先進諸国はもちろん開発途上国でも、すでにその現象は起こりつつある。例えば、中国。公式には十三億、実際は十五億ともいわれる国民を抱えるこの国も、高齢化と共に少子化が進行している。二十一世紀には、日本が今憂慮している高齢化に関する様々な問題が、日本の十倍規模で中国で起きることは容易に想像できる。

国連が定めた高齢者年であった九九年、ＣＳＩＳが主催する「世界高齢化世界会議」がチューリッヒで開催され、龍太郎は「日本はいかに退職ブームに備えるか」というテーマで講演を行なった。二〇〇一年八月二十九日から三日間、東京で行なわれた同会議では、龍太郎が議長を務めた。

龍太郎の二つ目の関心事は麻薬問題である。かつては水際作戦で麻薬の流入を防いできた日本も、近隣の北朝鮮やロシアルートでの麻薬密輸が激増している。新宿や渋谷、あるいは横浜などで主婦が覚醒剤を買う。自分で使うのか。そうではない。受験勉強中の息子や娘に与えるのだ。頭がすっきりして、勉強の効果が上がるというのである。芸能界の麻薬汚染が騒がれているが、今やそんなレベルではない。

二〇〇二年春、世界麻薬フォーラムが日本で行なわれる予定で、ここでも龍太郎は議長を務める。

第三の関心事は水資源の問題だ。空気と水は生命にとって極めて貴重な存在である。その水が世界的に汚れつつある。日本は水と緑の国といわれているが、それは豊葦原端穂国というわが国の古名でも分かる。

しかし、その水資源が危うい。急峻な山肌、加えて広葉樹林が減り、土地の保水能力が減少したため、豪雨が降れば洪水、日照りが続けば水不足になる。都市部では、水の再生利用も研究課題だ。こういった状況の中で、二〇〇三年の夏を目途に「世界水フォーラム」が日本で行なわれる。この三つの会議の議長はいずれも龍太郎だ。今の政界で、世界に通用する顔といえば、彼しかいないのである。

総理辞任直後、私たちが問うた「三つの選択」のうち、二つ目に目標を設定した龍太郎は、グローバルな視野でのボランティア活動にステップ・バイ・ステップ、ヒマラヤに登るように邁進しつつある。

では、首相への再チャレンジは、あり得ないのか。

もし、日本国民が現在のライオン・マッキー熱中症から覚めたら、何を考えるか。

というより、なぜ、熱中症に罹ったかを考えたほうが早い。

大不況、株の低迷といった経済的な閉塞感にあえぐなか、国民は「構造改革断行！」という一言にすがりついた。内閣が発足し、田中眞紀子議員が外務大臣に就任するや、外務省の粛正改革宣言を行なった。

「天に代わって不義を討つ」

この二つの景気のいい花火に、不景気に飽き飽きしていた国民は大喜び。いやが上にも、小泉人気は上がった。ある評論家は「まるで、ヒットラーを熱狂的に迎えたドイツ国民のようだ」と警告を発したが、そんな言葉など聞こえはしない。

だが、断行はどうなったのか。外務省の粛正はどうなったのか。機密費を削減するというが、その前に、もっとクリーンにすべきことがあるではないか。詐欺、横領は課長補佐や係長クラスの木端役人だけのこととはとても思えない。土台、海外に赴任した大公使以下、末端の駐在員まで豪奢な生活をしているのは、ちょっと調べれば誰にでも分かることだ。

もちろん、田中外相だって「今まで知らなかった」などとは言わせない。海外留学の時、大使館の手をわずらわせなかったか。田中総理に随行した時にわがままを言わなかったのか。

あれだけ、次官経験者は全員退任と大言壮語していたのに、柳井駐米大使の留任に拘ったのはどういうわけだ。「中国のホテルは高すぎる、税金の無駄使いだ」と言いながら、税金払いを渋っているのはどういうことだ……などなど、さすがの国民も、眉に唾を付け始めた今日この頃である。

　無能内閣とは呼ぶまい。世を憂う、その他の閣僚もいることだ。しかし、アマチュア内閣であることには間違いない。そんな時、国民は忘れた振りはやめて、改めて思い出してほしいものだ。誰が構造改革に手を着け、誰が政策に通じていたのか？

　そう言った声が澎湃として挙がったとき、龍太郎はどうするのか。

　私なら「真っ平御免」と、尻をまくる。

何でも民営化が正解なのか

　龍太郎はしばしば怒る。しかし、短気ではない。私も怒りっぽい。その上、短気である。

　長年、龍太郎の仕事を見ていてある種の感動を覚えることがある。実に粘り強い。閥務をこなす時にも、粘り腰であった。竹下さんが田中派を割る時、龍太郎が根回しのために費やしたエネルギーは超人的であった。とても私には真似ができない。

　官僚を集めて勉強をする。トコトン質問し、納得するまでは彼らを解放しない。

　官僚は戦々恐々の体だが、それが後で効いてくる。彼らも必死で勉強するからだ。

「情けは人のためならず」という。今は、この意味が「情けをかけたら、かけられた人のためにならない」と、曲解されることが多いそうだ。

「勉強は人のためならず」

これは二重に曲解していただきたい。自分のためでもあるし、相手のためでもある。

官と民がしばしば比較され、今は「民が優位であるべし」という声が高いが、官が必ずしも劣っているわけではない。

龍太郎は常日頃、「東大法学部の官僚だけが優秀とは限らない」と言うが、しかし優秀な者も少なからずいる。その優秀な能力を生かすのも殺すのも使い方一つと、彼は思っている。

そもそも官僚は公僕である。いや政府そのものも公僕である。

「私たちは、個人個人は忙しいから、選挙で国会議員を選び、その国会議員が選んだ政府に国の舵取りを任せよう」と国民は思っている。

政府の舵取りに従って官僚は動く。このことさえ分かっていれば、官僚が脱線することはない……とは言えない。

議員たちがどうでもよい政争に明け暮れ、日変わり弁当のように政府が変わっては官僚だって困る。いや、困るというより、仕事のしようがない。

「休まず、遅れず、働かず」

昔の役人の勤務状態を表わした言葉である。実際のところはどうか。昔も今も働く者は猛烈に働いている。知人の息子にキャリア官僚がいるが、平日は連日「午前様」だという。といって、裏金を使って遊び回っているというわけでもなさそうだ。国の機能は、日が沈めば、停止するものではない。

私の少年時代、「川田晴久とダイナブラザーズ」というボーカル・グループがあった。

「お前の親戚か」とからかわれたことがあったが、「地球の上に朝がくるぅ、その裏側は夜だろうぅ」などと能天気な歌を歌っていた。だがこの歌詞は、妙なリアリティがあるというか、地球のダイナミズムを感じさせたというか、ともあれ爆発的にヒットした。

現在は地球上が真っ昼間という状態だ。株式市場は二十四時間どこかの国で開いているし、情報は絶え間なく飛び回る。九月に起きたアメリカでの同時多発テロ事件の際には、一般人も徹夜でテレビを見たり、インターネットで情報を取っていた。こういった状況に対応するために常に機能を継続させておかなければならないセクションがあるのだ。

本来、政府そのものも世界の動きに瞬時に対応しなければいけない。森前首相はゴルフをやっていても、耳を機能させておかなければならなかった。小泉首相が夏休みを取っている間に株は暴落に近い動きを見せ、以後一直線に下げ止まらなかった。首相官邸の機能はしっかり箱根に移してあったというが、あの人気者の首相が休みを中断してでも、何らかのアクションを起こせば事態は変わったかもしれない。

こういった具合に政治家がモタモタしていれば、

「あんたら政治家は国会で騒ごうと、長期休暇を取ろうと結構。私たちが舵取りをします」

と、官僚の独走が始まるのだ。

要は政府のコントロール次第で、官僚も公的機関も動く。なんでも「民営化」と騒がれているけれども、しっかり機能させれば役に立つ公的機関もあるのだ。

例えば、商工組合中央金庫（商工中金）の存在だ。

二〇〇一年八月四日の朝日新聞・夕刊のトップに「商工中金は一〇〇パーセント民営化」という見出しが躍った。商工中金は一九三八年、政府と中小企業の組合とが共同出資して設立された「半官半民」の政府系金融機関で、資本金は四千三百三十九億円、その八〇パーセント弱を政府が出資している。

今、日本の中小企業は五百万社あるといわれているが、その内の半数を越える二百七十万社が属する二万八千の組合が加盟、十兆九千億円の貸出残高となっている。この金融機関を民営化するということは、政府が出資金を引き揚げるということで、その分を加盟組合が補填しなければならないが、今の中小企業が四千億近い金を補填できるはずがない。では、中小企業はどこから資金を得ればいいのか。「銀行から借りればいい」ということだろう。

中小企業の親父としては、「寝言いわんといてえや」と、関西弁でゴロを巻きたくなる。不良債権が山積みになっている銀行が中小企業に金を貸すと思いまっか。私は、今の日本に銀行など存在しないと思っているし、仮に存在しているとしても機能を果たしていない。そんな銀行はいらないのである。そういえば、『こんなものいらない』というテレビ番組の司会をしていた大橋巨泉さんが国会議員になった。「小泉でなくて巨泉だ」と、その言やよし。声を大にして「銀行なんかいらない」とやってほしいものだ。

商工中金は、私たち中小あるいは零細企業にとって、命綱のような存在なのである。もちろん、幾らでもルーズに金を貸してくれという意味ではない。もともと自分たちも出資している金である。仇やおろそかには借りられない。しかし、貸せるべき所には貸してくれるし、また、貸すべき企業には貸せるのである。繰り返すが、今の銀行にはその力がない。貸せるべき所にも、貸すべき所にも、担保を要求する。

「うちの敷地を担保に」

「でも、あの土地の評価額は目茶苦茶下がってますからね」

じゃあ、何を担保にすればいい。

「預金を担保に」

「アホちゃうか。預金があれば、金を借りるなんていいますかいな」

昔、人間の臓器を担保に金を貸すという金融業者が現われ、世間の総スカンを食ったが、今の銀行よりもそっちの方がよほどにマシではないか。

新聞記者の質が落ちたと書いたが、最近の銀行員のレベルも猛烈に低い。

私の知人の話だ。奥さんが急死して、あたふたとしているうちに住宅ローンの返済を忘れた。

「申し訳ない。家内が亡くなって、ドタバタしてたもんで」

「はあ。それで、いつ入金していただけるのですか」

「オイ、お前、悔やみの挨拶ぐらいできないのか！」

実話である。

ここにも仲間を発見

私は「全国グラビア協同組合連合会」の会長と「関東グラビア協同組合」の理事長をやって

いる。このグラビア協同組合は、商工中金の構成組合の一つである。その商工中金が民営化となれば一大事だ。幸い、現在の商工中金のトップは昔から懇意にしていた通産官僚出身で「この事態をなんとかしなければならない」と意見が一致し、「川田試案」なるものを作成、関係官庁や自民党行政改革本部の幹部らに提出した。試案には次のようなことを盛り込んだ。

「自ら内部改革を推し進め、従業員を五千人から三千人に削減」

「天下りを受け入れず、内部で人材を育成する」

「政府の運用資金は受けない」

「政府の押しつけ融資をほかに振り分け、四千億円の政府出資金に対し、三年以上五年以内に金利を付ける」

などなどだ。さらには石原伸晃行革担当大臣にも窮状を訴えた。石原大臣は塾の文学部卒で二十年後輩にあたり、九〇年日本テレビを退社して、衆議院選に立候補した。その時は、叔父の裕次郎さんが他界（八七年）された三年後で、石原軍団のバックアップがあって見事に当選した。その後、石原君は「慶龍会」の会合などに出席してくれ、私たちと懇意になった。しかし、二度目の選挙は苦戦であった。石原君自らタレントのバックアップを潔しとせず、石原軍団の応援を断ったことも影響した。

「こりゃ、やばいぞ。なんとか、梃入れしなければ」

私は龍太郎に応援演説を依頼し、宣伝カーに同乗して声を嗄《か》らした。二期目の当選を果たした石原君は経済問題、行政改革問題を集中的に研究し、自民党のみならず他党からも一目も二目も置かれる若手の政策通、実力議員として頭角を現わしてきた。

　小泉内閣では、首相の「サンドバッグになれ」の命令とともに行革担当大臣として入閣、各省庁と侃々諤々やり合っているが、小泉首相の宣言は宣言として、すべてを民営化することによってかえって国民が不利益を被る場合もあることを理解している。その点では元祖「行革」の龍太郎に近い。私と会った時、彼は選挙の際の協力に謝意を表した。顔もなかなかハンサムだが、礼儀正しい男である。

　一方、商工中金の構成組合のトップを見れば、「なんじゃこれは」というぐらいに幼稚舎、普通部時代の仲間がゾロゾロいるではないか。(株)橋本鋳造所の橋本光蔵社長、通称オケッチャンは城南鋳物団地協同組合理事長、(株)壱番館洋服店のメージこと渡辺明治社長は東京都洋服商工協同組合理事長、協同組合銀座百点会理事長、銀座みゆき通り美化会会長といった公職にあり、日本ビルサービス株式会社の浅地正一社長、通称ショーチャンは普通部の同期生で東京商工会議所副会頭、日本商工会議所最高顧問といった具合だ。それぞれ、付き合っている店舗は本店・支店と異なるが、こういった仲間と協力してこの難問に立ち向かわなければならない。

「よし、やろうじゃないか」多くの仲間が一致団結し、商工中金の存続を訴えた結果、今のところ民営化の線は消えた。

　それにしても我ながらよく頑張ったものである。ここ一番で力が出せなければ男ではないと、これは自己満足か。

龍太郎はそのことを知らない。いや、知っていても知らないふりだ。私たちは「何も頼まない」「何も頼まれない」という関係なのだから。といって、彼は何もしないわけではない。国家の大計にとって何が必要かという目線で考える。国鉄や日本航空、日本電々公社、専売公社の民営化を見事にやり遂げた男だ。国鉄は戦前、鉄道省というバリバリの一流省庁だったのである。道路公団や本四架橋公団の民営化などやろうと思えば簡単だ。しかし、商工中金はどうか。少なくとも日本の中小企業にとって、今現在必要である。需要があれば残すべきだというのが、龍太郎の頭の中にある考え方だ。

「なんでも『民営化』という言葉に踊らされると国家の道を誤る」

彼は今、腕を撫しながら、様子を見ているのだ。自分の力を発揮する機会が来れば、彼は過去の経緯など関係なく国民のために働くだろう。私のように、「ざまあみろ」などと言って、尻を捲る男ではないのだ。商工中金は民間法人に衣替えして新しい道を模索するというが、これも決定のようで決定ではない。はたして民間法人の定義とは?

と、ここまでが、二〇〇一年十月十日時点での議論である。その後、本書が再版となり、以下の経緯を書き足すことができた。

それは、十一月二十八日付、毎日新聞朝刊のスクープで始まる。「商工中金民営化先送りへ政府出資金引き揚げ断念」という大きな活字が躍ったのだ。

政府は、商工中金の財務状況が比較的健全なことから、民間法人の農林中央金庫を目標に、政府出資金を段階的に引き揚げる民営化案を検討していた。ところが、行革本部が特殊法人等の整理合理化案を発表する直前の十二月四日、自民党某代議士が政府「出資金」を「貸付金」へ転換する案を提示したのだ。出資金は金融機関にとっての支払い能力の信用の拠り所であり、返済が予定される貸付金とは性格を異にする。それを理解したうえでの提案か、それとも意地悪なのか……。

商工中金が中小企業に融資するためには、政府からの出資金の維持が不可欠となる。それが貸付金に変わっては、中小企業の活力の源としての商工中金の存在、役割は根底から覆ってしまう。まったく、陰謀のような発言としか言いようがない。さらにはこの提案への同調者も散見される。中小企業を困らせることで、行革の推進に水を差して喜ぶ議員がいまだに存在するとしたら日本の将来は真っ暗である。それもこれも、商工中金の存在が邪魔になる大きな組織の差し金かも……、その組織とはズバリ……。

特殊法人問題では、夜を日に継いで睡眠もとらず、家にも帰れず、虎の門の事務局で働いている多くの事務局員のなかに私の後輩がいる。三井物産から出向中の、行政改革推進事務局特殊法人等改革推進室特殊法人等改革推進本部事務局参事官補佐、小川博史君である。

小川君は、全エネルギーを投入して、民営化論議の基となる資料の作成に取り組んでいる。そして彼は、この九月一日付新任で、体育会山岳部監督として学生部員の命を預かる大役を引き受けた。今は山岳部員と接する時間がとれなくても、未来への偉大なる体験として仕事を全うするよう、私は助言し、励ましている。これが真のリーダーシップであり、メンバーシップであると私は信じている。福沢社中の一員としての誇りをもって。

第八章　青春よ、もう一度の意気

福沢先生への誤解

慶應義塾の創始者、福沢諭吉先生は、啓蒙学者、あるいは啓蒙思想家といわれる。物理学者、天文学者といった人たちに比べると、啓蒙学者という存在はいささか曖昧模糊《あいまいもこ》とした印象がある。

そもそも、啓蒙学というものが存在するのだろうか。啓蒙思想という言葉はあるが、これはヨーロッパで十六世紀に勃興し、十八世紀に全盛を迎えた、旧思想打破の思想の潮流を指すようだ。福沢先生に冠せられる啓蒙とは、一般大衆の蒙を啓《ひら》く＝無知蒙昧さを脱却するように教え、導くという意味なのだろう。ただし、無知蒙昧とは、明治維新前後の西欧の人々の文明と、日本のそれを比較しての場合である。最近、言霊学や怨霊学といったものに関心が集まり、作家の伊沢元彦氏は、著書『裏返し日本史』で、日本の歴史学者を誤って導いた元凶は「福沢諭吉である」と述べている。

その根拠は、福沢先生の少年時代の次のようなエピソードによる。

諭吉少年は、近隣にある小さな社を皆が恭しく参拝するのを奇異に感じ、社の小さな扉を開けてみると、そこには石が置いてあった。ただの石に思えるが、もし、この石を捨ててしまったら祟《たた》りでもあるのだろうか。いたずら心で、石を投げ捨ててしまったが何事も起こらない。しかし、人々は、御神宝とされていた石がないのを知らず、相変わらずお参りを続けている。

「なんと無知なことか」……。

伊沢氏は、日本の歴史学者がこの無知蒙昧論を是とし、日本史を語ってきたために、歴史の真実が見えなくなってしまったと言う。では、何を是として日本史を見ればよいのか。怨霊思想であり、言霊学であると言う。しかし、怨霊思想は日本独自のものではないことは、西洋の古典文学や幻想文学、宗教思想はもちろんのこと、日本でも持てはやされるホラー映画などで分かる。言霊に関しても「雄弁は銀、沈黙は金」という諺が、かの国にあるではないか。

福沢先生は、一八六〇年、咸臨丸でアメリカに渡り、六一年、六二年、フランス、イギリスなどヨーロッパ諸国六カ国を訪れ、さらに八七年、再びアメリカに渡っている。その間の見聞をまとめたのが『西洋事情』という著書だが、単に物珍しい物産や、産業構造や社会システムといった近代文明についてだけでなく、その国固有の文化や習俗についても、深く観察されている。つまり、単なる新しもの好き、西洋かぶれ、なんでも西洋第一主義ではなく、科学的、客観的視点で、諸外国を見て来られたのだ。

真の在野精神とは

明治維新後、福沢先生は、東京府会議員、東京学士会院（現日本学士院）初代会長以外、一切の公職に就かなかった。「私は、幕臣である」というのがその理由だといわれる。

中津藩という小藩の下級武士の次男として生まれ、幼児から青春時代まで、極めて貧しい生活と身分制度に縛られてこられた先生は「門閥は、親の敵でござる」と封建制度を弾劾しつつも、自ら幕臣と名乗り、公的には蟄居された。これこそ日本人の持つ節度という美徳ではなかろうか。

「在野精神」という言葉がある。慶応と並び立つ私学の雄・早稲田の根本理念とされている言葉だ。では、早稲田の創始者である大隈重信公は在野の人であったか。

大隈公は一八三八年、福沢先生に遅れること五年、肥前藩（佐賀・長崎）の俸碌四百石の砲術方の長男として生まれた。四百石取りといえば、高給取りである。少なくとも福沢家の数十倍の給料だ。七歳で藩校に入った大隈公は、藩校の学制改革を唱えるなど、反体制派として疎まれたが、その後、長崎で英語を習うなどして次第に頭角を現わし、勤皇派に加わり、明治新政府で重きをなすようになる。

一八七〇年参議、七三年大蔵卿となり、国会開設を主張するなどで、一時下野。自由民権運動を推し進めるため、立憲改進党を創立、党総理となり、さらに九八年、憲政党を結成し第一次大隈内閣、一九一四年第二次大隈内閣を組織した。二二年、亡くなった際には国民葬が行なわれ、沿道には百五十万の人が集まったという。このどこに、在野精神を見るのか。政府、国会という政治の世界の中で、常に批判精神を持っていたということだろう。その立場を官と民とに分ければ、明らかに官である。つまり、早稲田の在野精神とは、官の中で発揮されたことで、一般大衆の中で根付いたものではないのだ。なにしろ、名前の下に、公が付くのである。

田園調布異聞

慶應義塾は、その福沢先生のいわば私塾であるが、そこから多くの有能の士が誕生した。芸術文化の分野でもそうだが、特筆すべきは、数々の産業を興し、企業を創立した経済界の俊才を生み出した点にある。福沢先生が導き入れた実学が実を結んだ結果と言えよう。

しかし、その結果、いささかおかしな風潮も生まれた。いわゆる二代目のボンボンたちが育ったのだ。直接、福沢先生の謦咳《けいがい》に触れ、薫陶を受けた初代が、わが子を義塾に入れ自らの仕事を引き継がせる。しかし、その二代目が有能とは限らない。余裕のある家庭環境は余裕ある人間形成をもたらすが、余裕も過ぎると害をなす。

私の世代の親は、福沢先生に私淑したことはない。祖父の代が福沢先生の教えを受けることのできた世代で、したがって私の年代は三代目以降ということになる。この三代目が、二代目に輪をかけたボンボン育ちであったりもする。

私の父は、早稲田出身だから、私自身は代々塾育ちという系譜にはないが、周辺には三代目が結構いた。その人物の評価に関しては、疑問符を付けておこう。

慶應に関する二代目論は、もう一つある。

一代で地位や財を築いた人の子息が、入学してくることが多いのだ。

ただし、かつてはともかく私の世代以降、大企業の創業者の二代目はそれほどいない。

敗戦によって旧財閥は解体され、大企業のリーダーは、いわゆるサラリーマン社長に取って代わられた。戦後、多くの産業が生まれ、新しい企業が誕生したが、これらの企業は組織として大きくなってはいくものの、創業者一族が私有化することは少なかった。

ソニーを例に上げれば、当初四人で始めた会社だが、その四人の一族が社長の座を引き継ぐことはなかった。例外として、豊田、松下があったが、松下は松下家を離れてしまっている。

その結果、慶應にも大企業オーナーのジュニアはあまり存在しなくなった。代わって目立つようになったのが中堅企業、中小企業の創業者、芸術家、あるいは政治家のジュニアである。

私もその中の一人である。父親川田喜十が中小企業のオーナーだったからだ。

この中小企業のオーナーには、ひとつの特徴がある。大企業の社長は、大方がサラリーマン社長で、地位と知名度はあるが個人的資産はさほどないのが通例だ。一方、中小企業のオーナーは、個人商店の主みたいなもので、比較的資産を形成することが可能である。

東横線沿線の田園調布は高級住宅地として知られるが、戦後派の大企業のサラリーマン社長が住めなかった地域だといわれる。地価が高く、サラリーマン社長の報酬では、土地が買えなかったのだ。

彼らが住むとすれば、旧田園調布ではなく、その周辺で、いわば勝手に田園調布を僭称した、玉川とか奥沢という地名が上に付く田園調布である。本家・田園調布の住人からすれば、この新しい田園調布族は面白くない存在らしい。

ところが、本家・田園調布族にも、いろいろと問題がある。かつてこの地で幅を利かせていたのは、中小企業のオーナーたちであった。大企業のサラリーマン社長に比べれば、金があったからである。いや、個人的になくても、自分の会社の金を適当に動かせる。

ところが、一度景気が悪くなったり、会社が左前になると、大騒ぎだ。企業そのものの体質が弱いためにアッという間に資金のやりくりが付かなくなる。

するとどうなるか。突然、田園調布の売り家や、空き家が増えるのだ。思えば、私の学生時代の知人、友人の何人かは、このケースに当てはまる。

幸か不幸か、私の先祖も私も田園調布には縁がない。堅実な中小企業の親父だからである。

会社を卒業したら

最近、長男に言う。「俺はあと三年でリタイアする。あとは好きなことをするぞ」

三年後にトーホー加工は創業九十周年を迎える。個人企業から株式会社に改組してからは満五十五年、私が代表取締役社長に就任して満三十年になる。会社としても私個人としても、大きな節目の年なのだ。

長男の圭は、聞こえないように「今までだって十分、好きなことを……」と呟いてから、

「駄目です。会社にいて下さい」

社長業を引き継ぐ自信がないのか。そうではないらしい。愚かな私でもそのくらいの教育はしている。

父・喜十は一九〇四年八月十日に茨城県真壁郡太田村（現・下館市）に生まれた。十番目の子供の誕生を喜んだ親が、思いのままに付けた名前だ。

中学に進む頃、東京で小島洋紙店を共同経営していた兄・嘉平を頼り上京、店を手伝いながら、私立海城中学に進み、さらに早稲田大学商学部に進学した。一九二九年に大学を卒業した時は、成績優秀者として表彰状を授与されている。卒業すると小島洋紙店に入社、取締役支配人となり、兄が他界したため専務取締役、さらには代表取締役に就任、会社を切り盛りしていた。四六年、亡兄の長男・嘉一郎が復員してきたのをきっかけに、喜十は山陽パルプの代理店であった小島洋紙店を嘉一郎に譲り、自らは東邦紙業を設立、国策パルプと神崎製紙の代理店となった。

時代は溯るが、一九二八年に創業した音羽加工紙製造所という会社があった。小林謙一氏が設立した会社で、森永製菓が売り出したミルクキャラメルの包装紙を製造していた。

今のキャラメルもそうだが、キャラメルは一個一個、蝋（ワックス）と純白ロールという紙で作られた蝋紙で包装されている。東邦紙業は、その純白ロール紙を一手に納入していたのである。

一九四八年、中小の印刷所や、製本、断裁工場の労働者を、共産党と総評がオルグして、大規模な労働争議が展開された。これらの工場が集中した千代田区三崎町、文京区の音羽や小石川が囲む辺りに大曲という場所があるので、この騒動は「大曲労働争議」とも「音羽騒動」とも呼ばれた。

音羽加工紙も争議に巻き込まれ、工場や隣接している社長宅を赤旗が取り囲み、シュプレヒコールが谺《こだま》する。これには小林社長も消耗したらしく、工場と家一切合切を喜十に譲渡したいと申し込んできた。

喜十は申し入れを受け、百万円を資本金とし、トーホー加工株式会社と改組改名した。

一方、喜十の本業の東邦紙業は一九七一年に国策パルプと山陽パルプが対等合併したのを機に原点に戻り、小島洋紙店と合併、サンブリッジと改名、さらに三洋日比谷と合併してサンミック通商、その後千代田紙業と合併、サンミック千代田と社名を改め、日本製紙の直営代理店として現在も存続している。紙の代理店がこういった離合集散を繰り返したのは、製紙会社の分離や合併と連動している。

喜十は、サンミックの経営には参加せず、トーホー加工の社長の席を私に譲ってからは「業界の水戸黄門」を以て任じていたが、一九四五年、王子製紙の神崎工場が王子と分離して独立会社となり、直営の代理店の設立に参画した喜十は、その設立事務所の場所が銀座一丁目であったことから「銀一商事」と命名した縁もあって、請われていわば生みの親の銀一商事の会長に就任した。

時が流れ、銀一商事は二〇〇一年十月一日付けをもって、本州製紙系の商社、王子トレーディング（旧・本州産業）と合併、社名を王子通商と改め、王子製紙直営の代理店として再スタートを切った。

それにしても「銀一商事」とは、安易な名を付けたものだと思うが、社名は単純をもってよしとするのではなかろうか。ブリジストンも「ええい面倒くさい」と思ったかどうかは知らないが、創業者の苗字を単純に英語に変えての社名で、今日を築き上げた。私の会社の名前も単純である。それに現在の不況にマッチしている。「えー、トホホー加工の川田です」と言えば、「お互いに大変ですねえ」と、場が和む。

一九八五年、喜十は銀一商事の会長を退き、五十六年間にわたる「紙一筋」の現役生活から引退する。それまで病気一つしなかった頑健な男が、八二年に軽い脳梗塞の発作を起こした。それが父の心の中での引退決意の引き金となったのだろう。八七年、九一年、九三年と脳梗塞の発症に悩まされ、九五年十一月二十八日に肺炎のため永眠した。享年九十一。見事な人生であった。

トーホー加工の原点は紙のワックス加工工場であり、キャラメル以外にも石鹸、バター、チーズなどの内装包装材を作っていた。加工原反が紙からプラスチックフィルムに代わり、紙そのものとは縁が薄くなってしまったが、時代の変遷により、再び紙加工分野の需要が戻ってくるのではないかと考え、新製品の開発にも怠りない。現在の主力商品としては、パン、米、冷菓、冷食、石鹸、化粧品、トイレタリー商品、文具、雑貨などの包装材料の印刷加工である。多色グラビア印刷機とラミネート加工機、製袋機をフルに稼働、ワークステーションの画像処理により美麗なグラビア印刷加工を行ない、企画から製造販売まで一貫して行なうトータルパッケージング企業として活動している。現在、工場は最新鋭主力工場の小山工場（栃木県・小山市）、東村山工場（東京都）、名古屋工場、営業所は大阪・名古屋・札幌・福岡・新潟に置いている。

わが社が誇るべきものは、幾つかある。「超ワンマンCEOの存在がそれだ」という声はあまり聞かないが、ひとつは国際標準化機構（ISO）が設定したISO9002の認定工場になっていることだ。ISO9000シリーズは9001から9004まであり、9001から9003までは品質保証の国際規格、9004は品質管理の国際指針である。

このISOの認定を受けるには、第三者の厳しいチェックを受けなければならない。わが社の場合は、世界一審査が厳しいといわれているアメリカ・ペリー・ジョンソン・レジスター社から認定を受けている。また、経済産業省・関東経済産業局に平成十三年度の創造技術研究開発補助金交付を申請した結果、グラビア印刷業界初の交付の通知を受け、社員たちの士気が高まっている。

現在、PRTR制度による化学物質の安全性確保、二〇〇一年四月一日発令の埼玉県生活環境保全条例など環境を重視した条例要綱、地球温暖化に対応した一酸化炭素排出規制運動など、環境対策が重要視され、それらを無視する企業は早晩消えていく運命にある。

グラビア印刷は、石油化学製品で成り立ってきたが、PRTR制度によって溶剤の中からトルエンを抜いた脱トルエン（ノントル）印刷の実用化は既に九九年に完成、次なるテーマとして水溶性インキによるグラビア印刷の技術開発と、水性インキに適合したプラスチックフィルムの探究、開発など、業界の最先端を行く企業を目指している。

目標はナンバーワン企業ではない。「これはトーホー加工でなければ不可能」という技術と営業力を持ち、オンリーワン企業になることだ。

現在の不況下にあって、経営そのものは決して安穏としていられる状態ではないが、社内の各ブロックでプロジェクト・チームを発足させ、ロスをなくし、スピードを上げる「全方位運動」を展開しつつ、合わせてたとえつまらないことでも「考え」「実行し」「記録する」習慣を全社員に求め、業務マニュアル作りを行なっている。

次のことを考え、土台づくりに専念している私に対し、次代を担うべき男は他人事のように「ずっと会社にいろ」と言う。

私がどうやら、張り合いをなくすのではないかと思っている風情だ。

自慢のふくらはぎで世界制覇

冗談じゃない。私の人生は張り合いだらけだ。友人の医者たちは「これから十年先まで完全保証する」と言う。目も歯も胃も腸も、頭も問題なし。あるとすれば「気性かな」だそうだ。

七六年、会社の野球大会でホームランを放ち、爆走。捕手と妙な形で交錯し、左足の膝骨を骨折して聖路加病院で手術した。本来なら大重傷のところだが、私にとっては大したことではない。あまりの退屈さに主治医が止めるのを振り切って、病院を遁走した。入院中はリハビリは人の何倍もした。

「無理です」という制止を聞かばこそ、腹筋百回、腕立て伏せ百回は朝飯前、夜の廊下を最初は脂汗を流しながら、そのうちどこ吹く風と走り回り、階段をかけ上がる。

ホラ、どうだ、山男の底力を甘くみてもらっちゃ困る。

「それじゃ、バイバイ」と脱走してから、さて、困った。患部固定のボルトをしたままではないか。翌年殊勝な顔をして再入院し、ボルトを取ってしまってもうまったく痛くも痒くもない。

「傷跡はどうなんですか」

と、たまたま取材に現われた若い女性に聞かれて「待ってました」。

そこは、病人の病気自慢、怪我人の怪我自慢。

「ほらほら、ここだよ」

と見せれば、

「キャア！」

若い子がのけぞった。別にズボンを脱いだわけじゃない。当然、パンツも脱ぐ必要なし。ふくらはぎの余りの太さに、鼻血が出そうになったらしい。女の子でも、鼻血が出る。花粉症の後遺症だそうである。

このふくらはぎがあれば、私は世界各国どこにでも、飛び回れる。

実は、私の山が復活していたのだ。といっても、大パーティを組み、酸素マスクをつけての「極地法」登山ではない。いわば、トレッキングに毛がはえたレベル。九四年、元大蔵省の財務官で、慶應大学商学部大学院教授をされていた内海孚さんをリーダーとする「パキスタンバルトロ氷河トランゴ遠征隊」に同行、ベース・キャンプまで付き合った。標高は四千二百メートル。

九六年には「ペルーの人と自然を愛でる会」を組織、ボリビア、ペルーのインカ・トレールを試みた。世界最高の標高を誇るチチカカ湖で遊び、帰りに当時のフジモリ大統領を表敬訪問した。

九八年には「パタゴニアの岩と氷と風の中を散策する会」を組織、南氷洋に落ち込む氷河を歩き、ヒマルチュリの青氷を思い浮かべた。

まだまだ、行きたいところはそれこそ山ほどある。例えば、冬のアラスカ。石油のパイプラインに沿って歩けば、ところどころに、監視員が泊まる無人小屋があるという。スキーを履いて回ってやろうじゃないか。マッキンレーもいいかもしれない。待ってろ、植村直己君。

現場の仕事は息子に譲ってもいい。いや、譲る気だ。後の私の人生は、青春よもう一度だ。文句はあるまい。

五十七年も付き合う

小料理屋で若竹煮を食らい、何の気なしにメニューを見ると、熊本の馬刺しがある。

「こいつを食えば、竹馬の友か」

隣に座っていた同い年の男が、

「何を馬鹿なことを」

「とはいえ、五十七年の付き合いだぞ」

「もう、そんなになったか」と呟いてわが齢《よわい》を数えてみれば、まだ、六十三歳ではないか。人類の長寿傾向著しく「六十、七十は鼻ったれ」という言葉も、超高年齢者の強がりとは思えない。

「そういや、六十歳で、出産した女性もいる」

「何を言ってる。元気さは、現代人の特権じゃないぞ。ゲーテは八十を超えて、十八歳の女を口説いたじゃないか」

「ところで、あのお方は、健全であらせられるか」

「いつまでも、根に持つんじゃない」

隣の男は、渾名をメージという。渾名というほど、気が利いたのもではない。渡辺明治のメイジだ。ただし、発音は少々だらしなくメージ。幼馴染みとは、こいつのような奴のことをいう。

役目がら龍太郎とは濃密な付き合いをしているが、彼とは正味五十七年、父母を除けば女房よりも子供よりも長い付き合いである。

一九四四年、幼稚舎に入学した私のクラスはO組だったが、隣のK組にメージがいた。戦争も末期となり、鬼畜米英語禁止の折にKだ、Oだと言っていた幼稚舎そのものも相当な玉だと思うが、そのK組でいきなりボスを張っていたのが、メージであった。

なにしろ、入学当時からガタイがでかい。勉強もできるしスポーツも万能。一方の私は、今知る人は「嘘だろう」というが、栄養失調気味でヒョロヒョロ。毎日、二十日鼠じゃあるまいに、ヒマワリの種を齧らされ、嫌な匂いの肝油を飲まされていた。

「メージがスポーツ万能なら、ボクは蒲柳の質だから、芥川（龍之介）か堀（辰雄）でも目指すか」と、ませたことを考えたこともあるが、後になって考えてみれば、メージは私よりほぼ一年早い、三七年四月八日生まれである。体が大きく、勉強もスポーツもできて当たり前と気付いた。もっとも、今日現在まで彼は相変わらず私より大人で、何くれとなく私の言動にチェックをいれる。いや、さらには女房までもが「こいつら、怪しいんじゃないか」と思うぐらいになついてしまい、あらゆることの相談を持ち掛けていたようだ。

「どうせ、俺の悪口、不品行をあげつらっているのだろう」と思い、メージを追及するが、笑って一切答えない。嫌な奴だ。

普通部に進学した私は、山岳部と柔道部とを掛け持ちしていたが、柔道部の方では芽が出ず退部した。それを見計らったかのように入部したメージは、持ち前の体と運動能力でめきめき頭角を現わし、大学時代は塾内に敵なし、オリンピックで活躍した明治大学の神永、東京教育大学（現・筑波大学）の猪熊と張り合っていた。もちろん、主将で大将であった。

「なんで、俺が辞めた後に柔道部に入ったんだ」

「お前がいると、やりにくいからさ」

どうやら、私の立場を慮ってのことらしい。簡単に投げ飛ばしたら、私の面目が立たないということだったのだろう。メージはいつも、私の後ろからカバーしているようなところがあった。本当に嫌な奴だ。

三バカトリオ・プラス・ワン

一九五五年、高校時代のことである。石原慎太郎さんが『太陽の季節』で衝撃的なデビューを飾った。湘南ボーイズの生態をめくるめく思いで私たちは読み、読むだけでは真実は分からないと、湘南に繰り出したことがある。メンバーは、メージとマサルこと豊永勝という男。彼も幼稚舎の同期で、高校時代は柔道部の主将であったから、メージとはいい勝負か、その上をいっていたのかもしれない。かの安部直也が擦り寄っていた相手である。

三人は逗子の民家の二階を借りて、ついで女の子を探す。頃合いのノリやすいタイプの女の子を誘うことに成功したが、そこから先は『太陽の季節』の主人公のようにはうまくいかない。障子を破ったり、ヤカンをぶら下げたりというほどの自信もなく、雑魚寝しながら、キャッキャと騒ぐだけの純情ぶり。女の子が外出したとき、干してあった彼女らの水着にオシッコをかけたのが精一杯の悪さであった。

最近、今は都知事である石原さんにお会いしたが、高校時代の憧れなのかコンプレックスなのか「やはりああでなくては、この若さは保てない」と、納得するばかり。氏はまもなく七十歳なのである。

その時、フッと思い出した。今から四十数年の昔、水野産経新聞社長の四谷の別宅で、車座になって酒を飲んでいたが、そこに一人の流行作家が交じっていた。なかなかのハンサムでとりわけ年増女性には大モテ、その意味ではちょっと危険な雰囲気を持つ男である。宴も最高潮。と、流行作家が立ち上がって、水野社長に向かって絶叫した。

「伯父上！　私は来年の参議院選挙に全国区から立候補します。そして十年後には総理大臣になります！」

在りし日の石原慎太郎の姿である。思えば、当時から氏は一介の売文稼業で終わるつもりはなかったのだ。参議院から衆議院、さらには都知事となって、彼自身の夢はどれほど実現したのか。あの若さであれば、スケジュールがいささか狂ったにしても、水野さんに対する宣言も、あるいは実現できるかもしれない。

私たちの湘南冒険が未遂に終わった翌年の春、高校の卒業式の翌日のことであった。この三バカだか三悪だかのトリオは、シンイチローなる人物を加えて、飄然、四国一周十二日間の旅に出た。ほとんど金を持たぬ貧乏旅行、リュックに衣類と最低の必需品を詰め、スリーピングバッグで寝るのが基本。寺院の境内や国鉄の駅の待合室が、快適な睡眠の場所であった。

四万十川の清流の側の土佐清水駅の待合室でのことだ。

朝、ざわつく声で目を覚ますと、周りは列車を待つ女子高生ばかり。

「やっぱり、あの人や」という声とともにどっと笑いが起きた。彼女たちは、我々四人のうち、誰が一番に目を覚ますかを賭けながら、棒でスリーピング・バッグを突いたりしていたらしい。

人間が朝目を覚ますのは、尿意のためであることが多い。若い男性の場合は『古事記』でいうところの「なりなりたるところ」も、同時に目覚めるものだ。ともかくもトイレに行きたいと、スリーピング・バッグを抜け出ようとしたが「待てよ」である。

皆、実はパンツ一丁で寝ていたのである。しかも、スリーピング・バッグの中で、テントを張っている。正しくは、テントの中でスリーピング・バッグで寝るものだ。

さて、困った。四人は目配せしながら、一、二の、三でバッグを飛び出し、トイレに走り出したが、一人ドジがいた。メージである。足を取られて転倒、ヒキガエルのような状態で、しかもお尻は半ケツ状態。友を見捨てるわけにはいかないと残り三人、彼のパンツを引き上げてやり、なんとかトイレに逃げ込んだ。だが、メージはうずくまって唸っている。

「どうした！」

「骨折だ！」

その部分には、骨がないから筋肉挫傷というのではないか。

その日以降、われわれは、トレパンを履いて寝ることにしたのは言うまでもない。

この十二日間の旅、余りにも愚かしいできごとが続いたので、以下箇条書きにとどめる。
一、一人のみ五百円を自由に使える日を設けたること。ある男、五百円にて切手と絵葉書を買いて、友々に便りしたる、いとゆかし。その宛名を見て「なんで、俺の彼女に手紙出すんだ！」と発狂した男あり、殴り合いに発展せり。いとアホらし。
二、農家の鶏を捕らえ、焼き鳥にせんとしたること。当然、大目玉。いと怖し。
三、松山で、同期生テツと邂逅《かいこう》せしこと。実家にて日の丸と餅つきで歓迎される。いと嬉し。
四、テツ父子に鴨射ちに誘われしこと。船で出猟するも波風強く、鉄砲を持たされず。ただ一人テツのみ、楽しげに射ちまくる。上陸後、鉄鎚を加えんとするも、果たせず。いと悔し。

私はこの本で、友人たちの若かりし日々の愚行を暴露するつもりはない。良き思い出として語るのみである。ただし、私に妄想性虚言症の疑いがかかる恐れがある故、証拠として登場人物の本名とその後の軌跡について記しておく。

マサル……豊永勝・前出。ＹＫＫに就職。無事定年まで勤め上げる。

シンイチロー……佐々木慎一郎。三菱商事に就職。定年後、聖心女子学園の事務顧問として第二の人生を楽しんでいる。

テツ……山中徹夫・日本テレビに就職。現在、宮城テレビ専務取締役として現役生活継続中。では、メージこと渡辺明治とはいかなる人物か。経済学部を卒業、その際体育会功労賞を受賞。私はヒマラヤを目指していたため、式に欠席したが、同じ賞を受賞した。

卒業後、ロンドン・ピカデリーサーカスにある「テイラー＆カッター・アカデミー」に留学。卒業後、ロンドン大学に在籍しながら、サビル・ロードのハンツマンなる店で修業。

テイラーだの、カッターだの、はたまた背広の語源のセビル・ロードなど、アレッとお思いになる向きもあろう。メージは、何を隠そう、銀座の豪壮な自社ビルで洋服業を営む「壹番館洋服店」の御曹司なのだ。壹番館は英国王室との縁の深いことで知られる老舗《しにせ》である。

その御曹司とあらば、社長室でふんぞり返っていられるはずだが、自ら裁断、縫製の修業をするために英国に渡ったのである。商売の信用とは、そのあたりから生まれるのだろう。

ことあろうに同じ女に

大学卒業直前の六〇年三月十二日、私はヒマルチュリ遠征隊の一員として東京駅を出立、神戸港に向かった。その時メージは送りに来てくれたが、それから三年九カ月ほど音信不通であった。彼が英国に留学していたこともあったが、ひとつのことが、いささか心に引っ掛かっていたからかもしれない。

キャンパスにまことにチャーミングな女性がいた。彼女の魅力は学部を超えて噂になっており、「恋の奴隷」志望者が殺到した。私もメージも密かに心の中でそう願う者であった。

あれは大学四年の夏のことであった。蒸し暑いなかを神宮外苑の森の中に彼女を引っ張り出した私は男の純情を吐露《とろ》した。その途端、天地がひっくり返った。

「私は、メージの女よ」

嗚呼！　何たること。純白の雪のごとくにして可憐な乙女の口から「女」などという、はしたない言葉が飛び出した。しかも、その前に、メージなどという忌まわしき愛称が付いているではないか。

私は友を憎んだ。これまで、隠し事など全くなかったではないか。それをこともあろうに

「我が愛するマドンナと、乳、く、く、くり合っていたとは！」

許せん。友情とはそんなものであったか。武者小路実篤よ、なんと答える？

私は、断固メージと絶交することを心に決めた。それから数日後のことである。

メージはメージで、マドンナを口説こうとした。まったく、抜け駆けをするなど、どこまで卑怯な奴。

どっちがだ？

その時、マドンナは、こうおっしゃられた。

「川田さんからも言い寄られちゃったけど、『私はメージの女よ』って言ったの」

メージは卒倒せんばかりに驚いた。自分の恋心を打ち明ける前に女性の方から愛を告白してきたではないか。これを僥倖《ぎょうこう》といわず、いや、奇跡といわず何としよう。メージはマドンナの背にそっと回し、引き寄せた。「エッ」という感じで彼女は少し身を硬くした。

そりゃそうであろう。まだ日も高い。ここは辛抱するべし。だが、冷静になったのがいけなかった。メージの頭の一部になぜか私の顔が浮かび上がってきたという。そうか、川チンも、彼女のことに思いを馳せている風情であった。

わが友のその思いを無視することができるのか。できない。できるわけがない。幼稚舎の一年から今日まで、肝胆相照らし合い、末は偕老同穴とはいかないまでも、向かい合って墓を建てようとまで話し合った仲ではないか。ここで女性を取っては、我らが友情がすべて水泡に帰す。

ならば、この際女を捨てるほかはない。彼女が拒否しなかった背中に回した腕を、もう一方の手でひっぱがすようにし、メージは呆然とする彼女に軽く手を振って帰ってきたという。馬鹿たれ！　友情より女を取るんだ。そうだろう、武者小路よ。

まもなくお互いのアプローチがばれ、やむなく友情を復活させた二人が、偶然マドンナと遭遇した。メージは申し訳なさそうに言った。

「この前は、ごめん」

「メージの女だったんだ」と怨めしげに言う私。

ほぼ同時に投げかけられた言葉を、彼女は聖徳太子のように聞き分けながら答えた。

「そうよ、私は古い女よ。二人とも真面目とは思えなかったんだもの」

「だって、メージとできてんだろ」

「俺は何もしていない！」

「どうして、渡辺さんとできなくちゃあいけないの」

「メージの女って言ったそうじゃないか」

彼女の頭に閃《ひらめ》きが走った。

「あなたたち、何か誤解してるでしょ。今は何時代？」

「昭和」

「その前は？」

「大正」

「大正の前は？」

「明治……へ？」

「私は古い明治の女と言ったのよ。おバカちゃんたち」

この一件で、私たちはしばし、口を利かなくなったのだ。

若竹煮を食べ、馬刺しに箸を移しながら、

「俺たち以外に、真面目にマドンナを口説いた奴っているのか」

「さあなあ。相変わらず天真爛漫、美人だしね」

彼女は、マスメディアに就職し活躍、今は独立して辣腕を振るっているそうである。

「おい、このヤロ、いつ会ったんだよ」

六十余歳にして、今だ恋心褪めず。だが、ゲーテに比べれば、鼻ったれではある。

同い年の訃報

ふと、昔の知人を思い出すと、それを計ったかのように、その人物と出くわしたりすることがある。そしてまた、その人の訃報を突然、聞いたりもする。嫌な年齢になったなあという思いもするが、人間はある種の野生動物同様、予知能力という不思議な能力を持ち合わせる一瞬があるのかもしれない。言葉を変えれば、胸騒ぎである。

メージのことを原稿にしながら「そう言えば、彼の紹介で、猪熊功君と二度ほど会ったことがあるなあ」「建設業界にいると聞いたが、この不況期、さぞかし大変だろうなあ」と思い起こしているとき、突如、彼の訃報が飛び込んできた。九月二十八日のことである。私はメージに電話を掛けた。

「なぜなんだ」

猪熊君は、東海大学の創始者・松前正義氏に溺愛され、東海大学の教授時代に、あの「世界の山下」山下泰裕選手を育てたことでも知られる。また、後年は「東海建設」の社長としても手腕を振るっていた。しかし、この大不況期の中、社業が振るわず、万策尽きたのか、社長室で割腹自殺を遂げたのだという。

現役時代は身長百七十三センチ、体重八十七キロ。私と並んでも差のない体で、一九六四年の東京オリンピックでは重量級を制し、翌六五年の世界選手権の無差別級に勝ち、全日本と合わせ、日本最初の「柔道三冠王」となった。巨漢揃いの柔道界にあって、三十キロ四十キロの体重差など物ともしない技の切れ味を見せた、「昭和の三四郎」の異名に相応しい男であった。

実生活でもタフな生き方をしていたと思っていたのに、何たること！

私は、今、もう一人の人物のことを思い浮かべている。

山岳部の一年後輩で、同期の金窪君ファミリーの面倒をよく見てくれ、地方に在住しているので上京の折は必ず行徳の金窪家へ立ち寄ってくれた男、まさに若手ＯＢの鑑的な存在で、心の優しいＳ君のことだ。卒業後、父親から土建業を受け継ぎ四十年、働きづめに働き抜いてきたが、銀行からの資金援助が打ち切られたその日に倒産した。家屋敷、全財産を差し押さえられ、家族とも離別、今はたった一人になって、迷惑をかけた関係者、債権者を訪ね歩く、お詫び行脚を続けている。

バブル崩壊後の十年の日本経済の凋落には、凄まじいものがあるが、ここ二年の為政者の無策ぶりは「企業を滅ぼし国を滅ぼす」感がある。

デフレ・スパイラルというが、あらゆる業種で減収減益の悪循環。働けば経費がかかり、受注するにも原価割れは覚悟。さもなければ、ライバル企業に仕事を奪われてしまう。その姿は、まさに地獄絵のごとし。一本の蜘蛛の糸に我も我もとしがみつく。下を見れば、業火燃え、煮えたぎる血の池地獄だ。私のいる業界も例外ではない。

だが、しかしである。それでも、人は生きなければならぬ。とりわけ、多くの部下を抱える経営者は、何があっても自らの命を絶つなどという行為に走ってはならない。

死ぬ前に、やってやってやり抜かねばならぬことがあるはずだ。企業経営には、しばしばミスが付きまとう。あるいは日々、難問、難題が降りかかってくる。そういった局面で、どれほどの熱気を体と心にみなぎらせることができるか。その一方で、問題を我が掌《たなごころ》に引き戻し、子細にしかも冷徹に思いを巡らし、行かざるべきか行くべきかの判断、二者択一の決断を下す。

過去を振り返れば、私にはいささか冷徹なる思考が欠けていたかもしれない。

その時、メージの顔が稲妻のように思い浮かんだ。そうだ、この男だ。この男が、折に触れ、やんわりと聞こえはするが私の喉元に刃を当てるがごとき気迫で言葉を投げ掛ける。「てやんでぃ、俺は俺で、生きているんだ。大きなお世話だ」と、心の中でうそぶき、仏頂面を見せてきたが、しばし冷静になれば、なるほど的確な指摘である。

過去、幾度も、私は傷を受けてきた。時としてその傷に自ら塩を塗りたくるという、荒療治というよりも、自傷行為に近いことをしかねないとき、メージの一言が、傷口に薄皮を張らせ、薄皮はやがてかさぶたとなり、いつかぽろりと剥げ落ちる。「そうか、奴がいたから、俺は今日まで、生きてこられたのだ」

私は十月一日の早朝、近所の広尾神社に詣でた。十五年続けた月参りである。社殿に置かれた「命の言葉」と書かれた短冊を手にした。

「良薬、口に苦し（韓非子）」とある。再び、メージの顔が浮かんできた。

普通部時代、私は柔道部に入り、まもなく辞めた。なぜ自分が柔道に向かなかったのか。「引かば押せ、押さば引け」の阿吽《あうん》の呼吸が身に付かなかったからかもしれない。メージはその呼吸を会得し、人生にも生かしている。彼のライバルであった猪熊君はどうだったのか。

「葬儀に行くのか」

「行きたいと思う人はほとんどいないんじゃないか」

とメージは、ぽつりと言った。

声の余韻から、猪熊君の人生を思った。

興信情報によると、東海建設は十月十二日、関連会社の東海不動産管理と同時に破産宣告を受け、両社の負債総額は約三百三十三億円と記載されていた。

名声とプライドで「押せ押せ」の人生だったかもしれない。昭和十三年二月五日生まれ。

また訃報。十月一日、古典落語に現代の風を吹き込んだ、私が大好きな古今亭志ん朝が、六代目志ん生を継がぬまま、肝臓がんで昇天した。一九三八年三月十日生まれ。

奇しくも、私と同じ長さの人生を、ついこの前まで送っていた男たち。万感の思いを込めて、合掌。

同時多発テロ後、何が起きるのか

私の朝は五時起きだ。老人の習性と言われると面白くないが、昼間目一杯活動すれば、眠くなり、就寝時間が早くなり、必然的に目が覚めるのも早くなる。加えて、愛犬「ペー」の散歩という仕事もある。

山に登っていた頃も似たようなものだった。日が昇り、日が沈む。自然の摂理通りに行動するのが、最も体調に良い。時には一晩中、吹雪かれて眠れないこともあったが……。

九月十二日の朝、目を覚ました私は、いつもの習慣でテレビをつけ、BSのチャンネルに合わせた。早朝は様々な海外スポーツを中継している。家人もいることとて、音声は絞っている。と、画面に異様なシーンが映っているではないか。高層ビルに、飛行機が突っ込んでいく。飛行機がぶつかった瞬間、ビルを突き抜けるように火炎が走った。

「なんだ、映画の時間か」

かつて、ブルース・ウイルスの『ダイ・ハード』でテロリストが高層ビルを襲うというストーリーがあった。「あれのニュー・バージョンか」と一瞬思ったが、画面がキャスターの顔に切り替わった。音量を上げて、状況を知った。

映画ではない。ほんの数時間前に展開された、地獄絵図だったのである。

この世に信じられない出来事なんてものはない。「こんなことが起こるわけがない」と思ったことがしばしば、起こる。

世界貿易センターの二つのビル、さらにはペンタゴンへの同時テロで、少なくとも六千人に達する行方不明者が出た。行方不明というが、それは遺体が確認できないからであって、一縷の望みも抱けない犠牲者ばかりのように思える。

キャスターが言う。

「これは、真珠湾以来の犠牲者の数だ」

ちょっと待てよ。真珠湾はテロなのか。宣戦布告が日本のアホ外交官のもたつきによって遅れたことがあるにせよ、テロではあるまい。アメリカ本土での犠牲者というなら、当時、ハワイはアメリカの州ではなかったわけではないか。一瞬の惨事というなら、世界的な視野でものを言ってほしい。広島・長崎の原爆はどうだ。阪神大震災はどうだ。

私の世代の者は、どこかアメリカを信じないところがある。真珠湾だって、アメリカの陰謀とする説が根強い。

世界各地で、CIAの謀略によるクーデターや革命がしばしば起きてきた。その時の犠牲者と、今回の犠牲者のどこが違うのだ。

どうも私は、物を斜に捉え過ぎるのだろうか。

斜に捉えついでに、大胆な、もしくは不謹慎な推測をすれば、あれはアメリカの自作自演と見ることはできないのか。

そういう根拠が無いわけではない。一つはアメリカの不況である。アメリカ経済の破綻は日本のバブル崩壊どころではないと、私は予測していた。

アメリカ経済を立て直すにはどうすればいいか。真っ先に考えられるのは、軍需産業を活発化させることだ。第二次大戦、朝鮮動乱、ベトナム戦争。第二次大戦はともかくとして、朝鮮、ベトナムの二つの戦いは明らかにアメリカの負けであった。しかし、この戦争のお陰で、利益をうけた企業は多い。日本だって朝鮮特需、ベトナム特需で大いなる恩恵を被っている。

アメリカの議会は四百億ドルの軍事費計上を認めた。それも、一時金だといわれる。今後増額される可能性が大きい。軍需産業はホクホク顔だろう。

第二に、軍そのもののメリットだ。武器弾薬は、旧式化・劣化が起こる。将軍たちは新しいオモチャを欲しがっているし、砲弾、弾丸の炸薬や爆薬は一定期間のうちに消費しなければ、物の役に立たなくなってしまう。

第三は、ブッシュ政権に対する国民の支持率の問題がある。ゴア民主党候補との選挙戦は、半数もしくはそれ以上のアメリカ国民が「ブッシュ・ノー」という意思を表明した選挙でもある。加えてこの不況だ。支持率がますます低迷するのは目に見えている。

支持率アップにもっとも効果的なのは、戦争を起こすことである。それも、正義に基づく戦争だ。イスラム流にいえば、聖戦である。ブッシュの父親が、湾岸戦争で不人気を一気に回復したのは記憶に新しい。今回も息子の支持率は九〇パーセントに達している。小泉首相もこれには負ける。

世界唯一の超大国といわれるアメリカだが、そのプレゼンスは日に日に弱まってきていた。ところが今回の事件で、世界の世論の大部分を引きつけた。中国もロシアも、事件の衝撃の大きさからか、アメリカ支持に回った。

数千人の犠牲者が、アメリカの苦境を救ったことは間違いない。

このことは、日本にも大きな影響力を与えるだろう。湾岸戦争の時は百億ドルの軍事費を拠出した。といって金は拠出しっぱなしではない。その金で、日本の様々な製品を買い上げる。結局は日本の軍需企業やハイテク企業を始め、その他諸々の企業が潤った。

今回も、日本は全面的にアメリカと協調体制をとる。といって「今不景気だから金は出せない。代わりに自衛隊の派遣を」というわけにはいかない。いや、後方支援という形で人員派遣を考えていると政府は言う。しかし、集団自衛権の行使は憲法違反と主張する向きもある。結果として湾岸戦争と同じように金を出す公算は大きい。国債発行三十兆円枠なんて公約は、聖戦、正義のためには飛んでしまう。

人々は湾岸戦争を例にとって語るが、今回のニューヨークでは多数の日本人が行方不明になっており、塾員も判明しただけで六名の行方がいまだに分からない。邦人がテロの犠牲者の中にいることも忘れてはならない。

自衛隊派遣を議論する時、あの湾岸には邦人はいなかったが、ニューヨークでは、日本国も被害国であることから議論を始めなければならない。

九月十六日から三日間の予定で、龍太郎はタイの首都・バンコクに行った。小泉首相の代行である。出発前に彼のSPたちに言った。

「世界で最も顔が売れている要人は、君らのご主人だ。私がテロリストの一人だったら、ご主人を狙うぞ」

根拠のない話ではない。タイは敬虔な仏教国で、治安のよい国としても知られるが、安全であるという思いが、抜かりを呼ぶ。日本はアメリカの最大のパートナーである。その日本の最重要人物をテロることができれば、効果は相当なものだ。

九月十九日の早朝、龍太郎から電話があった。

「昨夜遅く帰ったんだ。ファクスありがとう」

彼にも「くれぐれも、油断のなきように」とファクスしたのである。

「タイのテロに関する危機管理と国民の意識は、日本よりはるかに上だった。それだけ危険があるということを認識したよ。それにしても、日本の官邸も国民も、認識と自覚があまりにも低いのは問題だね」

あのオウム真理教事件はもう、人々の記憶から消えてしまったのだろうか。あれこそ、無差別テロの始まりではないか。狂信的な一派の仕業という意味で、ウサマ・ビン・ラディンと、麻原彰晃の髭面がダブる。

龍太郎が狙われるのは、単に世界に顔が売れている要人ということだけではない。

彼が二〇〇二年の「世界麻薬フォーラム」に議長として関わっているためでもある。

今、世界で、麻薬輸出国として最もマークしなければならない国のひとつが、アフガニスタンなのだ。貧しい国の民が考えるのは、麻薬の売買である。南アメリカのコロンビア、北朝鮮、旧ソ連の国々、インドシナ半島のゴールデン・トライアングル……。

アメリカのアフガンに対する攻撃が行なわれれば、ますますアフガンは麻薬の輸出に力を入れる。軍事費を捻出するには、他に方法がないからだ。

自爆テロの実行者は、己の信条だけで、死地に赴けるか。正常な神経を麻痺させてこそ、初めて己自身も殺せるのだ。そのために最も有効なのは、麻薬である。麻原は、麻薬の麻を取って、自分の通称としたという説があり、常用していた可能性がある。ラディンの、髭面だけでなく、あのだるそうな物言い、顔付き、目付きが麻原に共通していると思うのは私だけだろうか。

しかし、政治家はつくづく、大変だと思う。「外に七人の敵あり」どころではない。現にイスラムのテロリストが、数十人単位で日本に潜入しているという。龍太郎の住むマンションは、六本木に近い。六本木は、新宿と並んで、麻薬のメッカといわれる。深夜通れば、それこそ髭面の中東出身者と思われる男が出没する。その中にテロリストが混ざっても、誰にも見分けが付くまい。

わが友、龍太郎。十分に注意を払ってほしいものだ。

テロ絶滅を念じての世界歴訪

十月三日。龍太郎は、再び成田を飛び立った。政府特使として、同時多発テロに関する小泉首相の親書を携えて、メキシコ経由でキューバに入り、さらにイギリスを経てエジプト、アラブ首長国連邦（UAE）を歴訪する九日間、機中二泊のハードなスケジュールである。キューバでは、カストロ首相と会った。九六年のペルーにおける日本大使館占拠事件の際、カストロ首相は、犯人グループの受入れを快諾してくれた。それに対する謝意を改めて深く表するのも、この訪問のひとつの目的である。かつては革命家として世界に名を轟かせたカストロ首相だが、最近は、柔軟な路線を打ち出しつつある。テロ対策に関しても、有意義なアドバイスを得られたようだ。

キューバ訪問から一転して、今度は渦中の中東入りである。ロンドンを経て八日にカイロに降り立った龍太郎は、ムバラク・エジプト大統領、アラファトPLO議長と会見した。パレスチナ民族と鋭く対立しているイスラエルのシャロン首相は、「アラファトは我々にとってのビン・ラディンだ」と公言しているが、果たしてそうなのだろうか。龍太郎がアラファト議長に「日本は引き続きパレスチナ援助を行ないます」と伝えると、議長は目に涙を浮かべて謝意を表したが、その表情には疲労の色が滲んでいたという。翌九日はドバイでUAEの実力者、ザイード大統領の次男・スルターン連邦副首相、四男・バムダーン連邦外相と相次いで会見し、日本の立場への理解を求めた。十一日の朝にはドバイを発ち、シンガポール経由で龍太郎が帰国したのは十二日の早朝だった。

過去の感情、宗教、民族の違いなど、アメリカと相いれない部分の多い中東諸国に対して、日本がどれだけ交渉役としての役割を果たせるのか、ひとえに、龍太郎の力にかかっていた。世界の各国の首脳たちと対等、いや、尊敬の念をもって遇される日本の政治家は、今、龍太郎を除いていない。田中外相は、パキスタン訪問から逃げた。よほどに自信がないのだろう。二度にわたる外相経験を持つ河野洋平氏の名前など、鼻から挙がりはしない。小泉首相の、龍太郎に依存する姿勢は、今後も強くなるに違いない。

帰国後の電話では、「大変な話し合いの連続だったが、テロに対する認識は一応の一致を見た。これからは、間断を置かず、ゆっくりと話し合いの場を持ち続けることが、世界平和のためには最も必要だろう」と語っていた。

さらに今回、龍太郎が痛感したのは、中東諸国へ日本発の情報が全く発信されていないことであるという。小泉首相がアメリカに駆けつけ、ブッシュ大統領に全面支援を約束したというニュースはCNNなどによって、アフガニスタンをはじめ、イスラム諸国に漏れなく伝わっている。長年の援助を通じて信頼関係を築こうとした日本の努力を忘れ、あたかも空爆アメリカのスポンサーのように決めつけ、イスラム諸国ではまるで逆恨み、日本バッシングが起きようとしている。

日本のメディアはテロ発生後、現地ニューヨーク、パキスタンと、何社も折り重なって報道しているが、日本発の情報はしっかりと世界に配信しているのだろうか。あらゆる手立てを使って、世界の

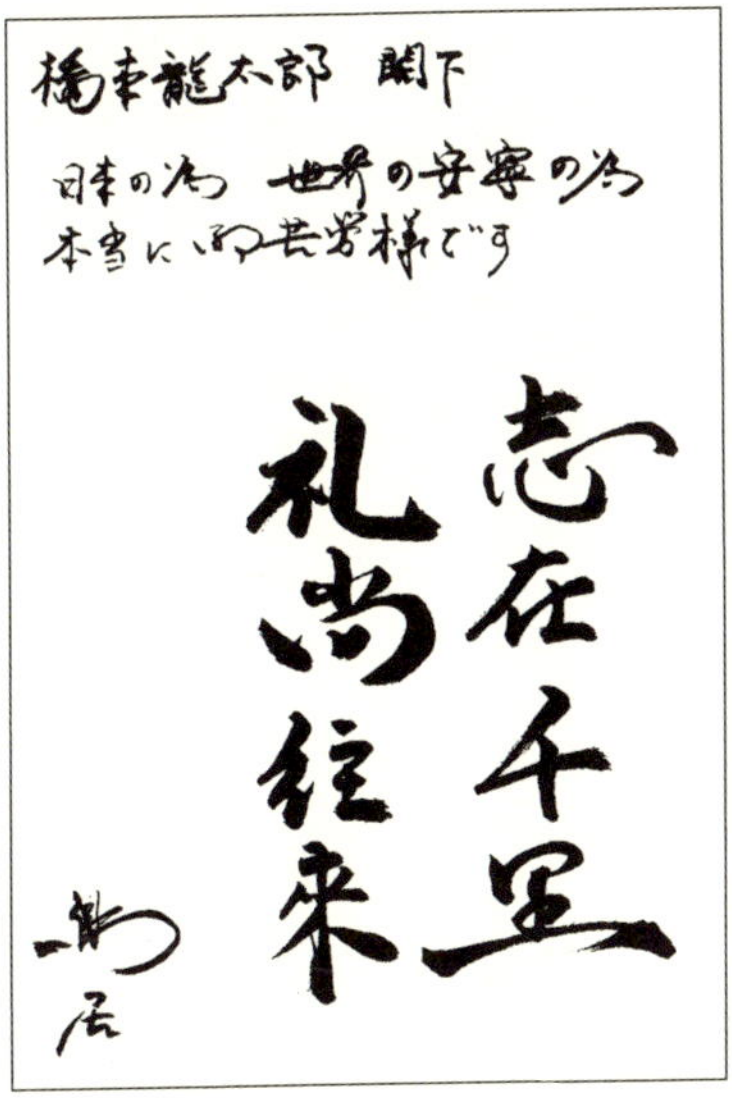

10月3日、龍太郎がキューバ、エジプト、アラブ首長国連邦へ発つにあたり、鳥居泰彦氏からの激励ファクス

目が光っている西アジア、中東諸国へ日本の考えを伝えてほしい。

龍太郎は、少しでも日本の役に立てばと、十月二十九日、また成田から飛び立つ。今度はエジプトで中東諸国の首脳たちと膝を交え、日本の立場をよく説明してくるという。十一月三日までの大事な役である。未曾有の事態のなか、龍太郎の中東行脚は続く。

それにしても、龍太郎の歴訪する地域は、言ってみれば、世界の危険地帯である。

私は、くどいと思いつつ、龍太郎に幾度か、身の安全に留意するよう言葉を投げ掛けた。

「川チンの言う通りだが、俺は国のために仕事をしなきゃならん。十分気を付けるから旅に出させてくれ」と、龍太郎は、私の手を握った。

そうなのだ。「一命を賭して」という言葉を使うことは、たやすいが、行なうことは難しい。「巧言令色少なし仁」という言葉もある。政界では、綺麗事を言うだけの輩、自らの立場を守ることに必死なだけの連中、空しい言葉を投げ合うだけの有象無象による国会論議が展開されている。そこに国を思い、国民の安寧と幸福を願う心ありや否や。

今、私の前に、一回りも二回りも大きくなった、国士・橋本龍太郎の姿が聳え立っている。

第九章　家族の風景

目立つのか、おめでたいのか

自宅の近くに広尾神社という小さな社がある。かつてはこのあたり一帯の鎮守であったのだろうが、くわしいことは知らない。

私は宗教にドップリということはないが、これで、なかなか信心深いところもある。

若い頃、下館市・玉戸にある父の生家が十六代も続いている旧家と知り、菩提寺である天台宗の住職さんに過去帳を見せてもらったり話を聞いたりして、膨大な覚書きを作ったことがある。その覚書きを、本家を守っている年上の従兄弟に見せたところ、

「うーん、これは凄い。ちょっと貸しておけ」

と言われて預けたが、そのままになってしまった。

金庫の奥深くにしまわれているのだろうか。それとも、何かにつけ、本家の人たちが取り出

しては自慢話のタネにしているのかもしれない。

聞くところによると、神社には、神様がおられる神社と、そうでない神社とがあり、神様のおられない神社にいくらお参りしてもご利益はないそうだ。神様がおられるのかおられないのか、どうやって見極めるのかは知らない。ただ、神域である境内の中の雰囲気で、朧《おぼ》ろげながら分かる気がする。

樹木や石などから、心身ともにゆったりとさせるマイナス・イオンが発生することは、百年以上も前にドイツの科学者が発見したが、日本民族は数千年前から経験的にそのことを知り、神を祭るだけでなく、神籬を設け、境内や社の中に常磐木を植えたり、古木を守ってきた。

十五年前に、何げなく広尾神社の境内に入ると、しっとりと落ち着いた雰囲気である。なるほど、ここには神様がおられるのではないか。その神様も、貧乏神が鎮座ましましていては困るが、若者の町であったり、モダンな建物が立ち並んでいたり、ちょっと裏通りに入ると、何代も住み着いているお店のおばあちゃんが、人懐こい笑みを浮かべてくれる広尾や六本木一帯をお守りしてくれているのだから、きっと素敵な神様に違いないと、私は思った。

以後、毎月一日には、家族全員のポケットから小銭を出させ、大風呂敷に包んで……なんてことはないが、賽銭箱に入れてくる。初詣での時にはしかるべき初穂料を奉納してきたが、いつの間にやら、私の名前が奉納額のトップに位置するようになった。別に見栄を張る気はないが、何ごとにつけトップを引くのは気持ちがよい。山男の悪しき特性かもしれない。

妻に「ほらほら、あそこに名前が……」と指差したら、

「へぇ〜。山の神にもそのくらいご奉納されたらいかがかしら」と言われ、落ち込んだ。

ある年の正月、私の前に、聞いたことのある名前が書き込まれている。著名な音楽家の名前だ。うーむ、きっと創った歌が大ブレイクしたのかも知れない。「よし、来年は中小企業の親父の意地を見せてやろう」と一瞬思ったが、山の神の顔がちらついて断念した。

翌年も、同じような額の初穂料を奉納したら、前年トップの方の名前が消滅し、また私の名前が返り咲いている。きっと音楽家氏は引っ越しをされ、他の大きな神社にご奉納されているのだろう。

思えば、妻、いや奥方様・秀子には随分と苦労させた気がする。外に出れば仕事一直線、夜になれば人付き合いに酒付き合いにと駆けずりまわって午前様。その間、妻は必死に子育てをし、家を守っていた。それが一段落したかと思えば、私の「厄介な」趣味が頭をもたげてきた。昼も夜もなく「龍太郎」「龍太郎」である。もとより幼稚舎、高校、大学の同窓会の万年幹事や、塾関係の役員だ、なんだかんだと、いずれもボランティア、ただ忙しいばかりという役回りを引き受けていた。

「ちょっとお伺いしたいのですが、あなたは、お目立ちになりたいのですか」と、居住まい正した妻に聞かれて立ち往生したことがある。

以来、「お目立ち」という言葉が耳の中の残響として残り、しかも「おめでたい」と聞こえるようになって困った。

実際の話、おめでたくなければ、こんな役目は引き受けられないし、中小企業の親父でなければ勤まらない。ボランティアであるからして、入ってくるものはないが、出ていくものは少なくない。微々たるものにしても、積もり積もれば山となる。大会社のオーナー社長ならともかく、サラリーマン社長では、対応するのに辟易とするだろう。

皆が進化していく

私の長男・圭は一九六七年に生まれた。幼稚舎から塾に入ったが、幼稚舎の卒業式の少し前、突然、四国一周旅行に挑戦したいと言い出した。わが家は、子供の休みに合わせて家族旅行をするのがしきたりだったが、今回は、幼稚舎卒業の思い出にたった一人で行きたいと言う。私は一瞬、不安に感じたが、

「いいだろう。ただし、じっくりと計画を立てなさい」と答え、よせばいいのに、私が高校卒業の折りに悪友たちと行なった「愚挙」、四国一周無銭旅行の話を面白おかしく語った。

もちろん、その話の中では「高校を卒業してもこれだけ大変だったのだから、小学校を出たばかりではもっと大変だ」というニュアンスをたっぷりと含ませたつもりだ。

ところが、圭はおじける風がまるでない。妻は当然、断固反対。

「あなたがあんな話を聞かせたからでしょ」と私に矛先を向ける。

「いや、あれは高校卒業の時だし、四人一緒だったからなあ」

と、弁解しながらも、待てよ、という思いが頭をもたげてきた。きっと、彼にも考えるところがあってのことだろう。

計画を立てさせ、その計画が合格なら行かせてみよう。

ガイドブックと地図と時刻表を首っ引きで作った圭の計画表は、親の贔屓目《ひいきめ》を差し引いてもなかなかのものであった。

多少の手直しをし、切符・旅館の手配だけは私が代行した。今はどうなのか知らないが、当時は小学生一人だけを泊めてくれる宿は少なかったのだ。かくして圭は九泊十日の旅に出た。

私は勢いで、妻は夫と子の説得に負けて許可を出したものの、毎日毎夜ひたすら心配し、定時連絡の時刻の一時間も前に電話に向かって正座して待つという有り様。

ある日、いくら待っても圭から電話が入らない。これは迷子になったのか、それとも事故にでも巻き込まれたのかと、ひたすら心が揺れる。

出発前に、

「パパやママからは絶対、電話はしないから、君の方から必ずすること」

と約束したのだが、ついに我慢できず、旅館に電話をした。

「ちょっと、待ってて下さいよ」と宿の主が言い、暫くすると、圭が電話口に出たではないか。

「なんだ、お前は！　なぜ、約束をまもらないのだ！」と怒鳴りつけると、彼は小声で答えた。

「だって、この旅館の電話にダイヤルがないんだもの。どうやって掛ければいいか……」

ダイヤルがない？

ハタと気が付いた。昔はピノキオの顔のような電話機が壁にかかっており、ハンドルを回し交換手を呼び出す電話があった。その電話が七十年代の四国の山奥に存在したのだ。

私は自分の迂闊さと共に、日本の広さを思い知った。

多少のトラブルがありながらも知恵を絞って解決し、東京駅で彼の無事な姿を見た時は、不覚にも涙がこぼれてしまったものだ。

この時の自信が、彼の中でどのように育っていったかは定かではないが、大学時代、突然アメリカ留学に旅立ち、帰ってくれば、さっさと外資系の会社に就職を決めてしまう。「なんだよ。独立自尊とは言うけれど……」と、その折々、福沢先生をちょっぴり恨めしく思ったものだ。

私の父・喜十が、床に伏しがちになった頃、絶えず圭を枕元に呼んで、

「お父さんの会社に入って助けておあげ」

と、呪文のように言い続けたらしい。圭は圭で、浮かぬ表情で、唸っていた。

喜十が他界し、葬儀、四十九日、納骨式が無事終えた一九九六年の四月、圭は、

「俺、会社辞めて、お父さんを助けるよ」

ただし「立つ鳥、後を濁さず」、やりかけた仕事、残務整理に三カ月かかると言い、実際は二カ月で仕上げ、オーストラリアに飛び、二週間スキューバ・ダイビングを楽しんだ後、「入社させてください」と言った。

あれから、五年。入社当初は、新規の仕事でもある高栄養流動食の特殊包装の企画、販売などを担当して軌道に乗せ、その後も奮闘、現在は本社営業本部長として業界の会合などでも、私の代理を務められるようになっている。

ところが、この男、親と違って女性にモテないのか、モテすぎて面倒臭いのか、三十四歳になっても独り者。我が家の近くのマンションで悠々の独身貴族生活を楽しんでいる。

「親に孫の顔を見せる気はないのか」と、聞こえるように呟くと、

「親父、『青春日記』なんか書いてるんだって。そんな若い男に、孫の相手なんかさせちゃかわいそうだもんな」

「馬鹿野郎。『青春日記』じゃねえや。でも、ご配慮ありがとう」と今度は聞こえぬように呟いた。

次男の雄治も、幼稚舎から普通部に進み、義塾湘南藤沢高校の第一期卒業生として大学に進んだ。こちらは、留学などという「寄り道」もせずキャノン販売株式会社に入社して三年目。若さに任せて朝から晩まで駈け回り、自室に書類などを持ち込み猛勉強をしている。

わが家は一階が駐車場と雄治の居住区になっているが、たまに二階に上がってくると、キッチンの冷蔵庫から大量の食料をかっぱらって「じゃあね」と消えていく。

この男、私に似て時間厳守、いろいろと口うるさい奴だ。

高校時代の同級生に池端直亮という奴がいた。日吉のキャンパスを下駄でカラコロ歩くというバンカラ風情の一方、インターハイのスキーでいい線いくという格好良さも持っていた。卒業して加山雄三という名で芸能界のトップスターになった頃、私にこんなことを言った。

「川チンはよ、その口うるさいところがなきゃいいんだよな。何か言いいたきゃ一晩考えてからにしろよ。何でも即決という癖を直して少し静かにすれば、俺が四分、お前が六分のモテっ

ぷりになるぜ」

フン、俺から即決と口うるさいところを取ったら、何が残る。

だが、次男の姿を見ていると、加山雄三と同じことを言いたくなる。

長男は独身、次男も家庭内別居状態。母は九十歳だが、腰部背柱骨折が完治せず、介護施設付きの病院に入院している。女子美術専門学校（現・女子美術大学）を卒業、父と家庭を営みながら、三百点余りの日本画を描いてきた。友人宅の新築の時や、関係会社のビルの落成式の時などに、母の美人画を神田・草土舎特製の額縁に入れて贈呈してきた。

「絵の値段は付けられないけれど、額縁だけは相当なものです」と、照れながらの言上を付け加える。実際、三十万以上の上等な額縁であるし、絵そのものが大きく、親バカならぬ子バカを差し引いても、並ではない。今は、うつつの中で、喜十と逢瀬を重ねているのかもしれない。仲のよい両親であり、たおやかな母であった。

私たち夫婦は、肩を寄せ合い……と言いたいところだが、もう一人同居人がいる。二歳四カ月の雄のパグ犬、ペーだ。最初は秀子のペットだったが、どうもこいつは男好きの傾向があるらしく、夜は私の頭の上で大股開いてお休みだ。

「子は鎹《かすがい》」という。子がいなくなればペットが鎹のはずだが、わが家には鎹は必要ない。

たまに予定より早く帰ると、ペーが一人で留守番。仕方なく冷蔵庫からビールなどを取り出していると、玄関が開く。

「エッ、またゴルフ？」

奥方は今、ゴルフに大熱中。私が気がつかない時を合わせると、年間百回は行っているようだ。ホールインワン一回。

他に習字、粘土を練っての人形造り、かつては油絵と、どれもアマチュアの域を脱している。この十五年、コリコリに凝っているのが、友禅染め。自分の着る着物は染め、縫い上げるまですべて手作り。息子たちのお嫁さんの分も既に完成している。

ふと気が付けば、女房子供は、確実に進化しているのだ。

若い時は、

「もう少し、私のほうを向いてくれてもいいのに……」

などと、可愛いことを言っていたが、最近は夫離れ著しく、かくて鋲の必要もないというわけである。

「女というものは、そういうもんだとしてもだ。お前、胸に手を当てて考えてみろ。身に疚しいところはないか」

「ない。あったとしても、忘れました」

と、塩爺言葉。桜内義雄さんが引退された今、塩川財務相が塾出身の最長老であらせられる。

私は、二〇〇一年春に『橋本龍太郎とわたし』という本を上梓した。龍太郎の後援会「慶龍会」のメンバーをはじめヒマラヤの登頂者が中心となって設立した山仲間の集い・岳龍会、麻布学園の友人たち、剣道、ドクター仲間、そして各界からと、総勢九十三名に、それぞれの「私」を綴ってもらったものを、私が責任編集したものだ。この本は、言ってみれば『龍太郎と私こと川チン』である。

慌てふためいて帰宅し、こそこそと書斎にこもって構想を練っていると、お茶を運びながら「掻くのね、掻くのね」と妻が言う。

背中を掻いてくれなんて頼んでいない。空耳の齢になったのかと思ったら、「また書いて、恥を掻くのか」という二重の意味らしい。

確かに、恥ずべきところ少なからぬ人生ではあった。その一方で、私は周りにいる人々すべてを誇りに思っている。だから、こっそり書き添えておく。

「秀子よ、君は私の最大の誇りだ。ありがとう」

生きるための遺書

近頃「生かせて頂いている」という、言葉をよく聞く。人間は自分一人で生き抜いていけるものではない。天、地、人、すべてによって「生かされている」といことなのだろう。『他力』という本が売れたりもする。謙虚な物言いはよろしいとは思うが、どこか耳障りなところがある。人間には「生き抜く」という意志も大切ではないか。自助努力、自立更生ができないのが、今の日本の姿である。

私が皆の力で生かされてきたことは否定しない。しかし、自分で生きようとしてきたことも確かである。人事を尽くして天命を待つ。しかし、果たして人事を尽くしたか、絶えず満ち足りぬ自分を味わい続けている。人は過去の蓄積の上に生きる。だが、蓄積の上にだけ生きていていいのだろうか。

「水積もりて　山となる」

九月に広尾神社から貰ってきた「生命の言葉」という短冊に書かれていた。水が、山に変わる。変換の妙ではないか。これまでの六十余年の人生をどう変えていくか、山と積んだ過去を水に戻す可逆反応もあるかもしれない。この本は、私の過去への「決別」の書かも知れない。同時に新たな人生の「旅立ち」の書でもありたいと思う。いささか早いが、遺書とするのは、この二つの意味を考えてのことだ。

黄綬褒章を受章

石川忠雄元慶應義塾長を、私たちは仲間内で「三冠王」とお呼びしている。

文化功労章、文化勲章、勲一等旭日大綬章を受章されたからだ。

橋本龍太郎は、故小泉信三元慶應義塾長が文化勲章を受章された時、「先生の学問的功績が認められたという意味で喜ばしいし、塾員の一人として誇りに思っている」と言ったが、石川元塾長は学問的功績はもちろんのこと、教育行政面での貢献も高く評価された上での三冠王でいらっしゃる。これまた我々塾員の大きな誇りである。

とはいえ、勲章などというものは私のような人間には無縁のものと考えていた。

九月十一日のことである。私が理事長をしている「関東グラビア協同組合」の事務所に、黄綬褒章・授章の内示があった。関東グラビア協同組合の幹部指導者として長年にわたり、業界をまとめ上げてきた功績と、社業に精励したことが評価されての授章である。

日本の褒章制度は一八七五年の「勲等賞牌」令の制定公布に始まる。褒章制度は一八八二年から実施された。褒章には、現在、紅綬・緑綬・黄綬・紫綬・藍綬・紺綬の六種があり、あらゆる分野各方面の事績者に対して贈られる。黄綬褒章は「業務に精励し、民衆の模範となる者」に授与される。その前半の定義に関してさえも、こそばゆく感じるのに、後半となると我ながら居心地が悪くなる。これは今後の目標とすることと自戒努力するしかない。この勲章制度・褒章制度は、今年をもって見直しが行なわれる。いわば、最後の受章者として恥じぬ人生を歩きたいものだ。

それにしても、目立ちたがり屋であるくせに照れ屋であり、後で述べるように「おめでたき人」でもある私としては、なんとも妙な心境ではある。

龍太郎に、こっそりというか、ぶっきらぼうにというか、心の底を見抜かれると思いつつも、電話をすると、

「そりゃ良かった。奥様を連れて皇居に行ってこいよ」と喜んでくれた。

授章については、十一月三日に正式に発表され、十一月十三日に伝達式が行なわれ、翌十四日午後に宮中にて天皇に拝謁した。

実は、天皇・皇后にお会いするのは二度目である。九八年の春の園遊会に招待され、赤坂御苑に伺った時のことである。ぜひとも両陛下をお近くから拝したいと思い、図々しくも最前列に並び、後ろから押されるのを自慢の足で耐えながら、笑顔を作ってお待ちしていると、天皇

陛下が私の名札に目を留められ、

「グラビア印刷とはどういう印刷ですか」とお聞きになられた。

まさか、直接声をお掛けいただくとは思ってもみなかったので、どぎまぎしながらも、

「はい。凸版方式の巻取印刷で多色印刷する素晴らしい印刷方式です。私どものところでは、透明なプラスチックフィルムに印刷し、パンやお米やお菓子などの包装紙に使われております」

と大声で申し上げると、皇后陛下が笑みをお浮かべになり、

「頑張ってください」とおっしゃられた。

普通はここで「ありがとうございます」とお礼を申し上げて終わるところだが、一言多い私は、

「修さんとはよくお目にかかります」と余計なことを申し上げてしまった。

すると、両陛下はいっそう、相好を崩され、

「お世話になります」

と頭を下げられたので、周りの参会者から「こいつは一体何者だろう」というざわめきが起こった。

修さんとは、皇后陛下の弟にあたられる正田修日清製粉代表取締役社長のことである。

わが社・トーホー加工と取引いただいている製パン、製菓メーカーで創立記念日などのお祝いごとがあると、取引先を代表して正田社長が祝辞を述べられることが多い。そういった関係でよくお会いし、歓談させていただいている。また、正田社長は、弊家の近くにお住まいで、

毎朝、軽い足取りで弊家の前をランニングされて行く。

同じ時間、私たち夫婦も犬の散歩をしているため、

「おはようございます」

と、必ず声を掛け合う。

その正田さんとゆかりをお持ちの両陛下と、再びお会いできると思うと心が弾む。

しかし、である。この本の冒頭で触れたようにこの十数年、私は時間の三分の一しか社業に当てていない。山崎製パンの山田憲典副社長は、私と会うと「川田さんが、社業に全力をつぎ込んでいれば、トーホーさんは倍旧に成長したはずなのに」と、からかわれる。

妻は「ホント。もっと楽ができたのに」と溜め息をついて見せる。

その都度、忸怩《じくじ》たる思いをしてきたが、三分の一の時間でも全力を尽くしてきたことを国が認めてくれたのである。少しは胸を張ってもよいだろう。

ただし、これを機会に、時間の配分をシフトしなおそうと思う。社業に六割、趣味の龍太郎には二割、残りの二割は、アソビと空間旅行だ。

龍太郎は、世界の人々に貢献することを目的に、水や高齢者問題、麻薬問題の解決に向けてエンジンのスイッチを入れただけでなく、思い切りアクセルを踏み込んでいる。

慶應義塾の方はどうか。安西塾長以下の執行部は「旧き者は去れ」「よき伝統だけを守る」「明日を読み切れる塾員とともに新しい慶應義塾を構築する」と宣言している。

いわば、義塾の構造改革である。しかし、この謳い文句は「何でも民営化」と同様、無理が

ないとはいえない。石川元塾長、そしてその路線を踏襲しつつも次代の慶應の姿を模索し実行に移してきた鳥居前塾長といった先輩たちの力を必要とする時がいずれ来る。その時まで、私や仲間は、知恵とパワーをため込んでおこう。

アソビは、大いに楽しみたい。旧友、親友、そして新友たちと語らい飲み合い、そして体を動かす。

空間旅行とは？　世界各国を歩く。それも、景色が素晴らしい低い山がよい。私の人生は山に始まったのだから。

では山で終わるのか。終わりは当分こない。老人保険適用も五年先に延ばされた。嬉しいじゃないか。私が老人と呼ばれるのは十二年も先だ。そして十二年先からは恐るべき老人パワーを見せつけてやるのだ。

三つの時間の折り合い。黄色は三原色の一つだが、グラビア印刷で発色させるのには、最も難しい色である。色鮮やかな黄色、太陽の色を胸に、私は生きていきたい。

終章　歳を重ねるだけでは人は老いない

とんでもない渾名の由来

銀座に夜が訪れた。街を行く人の数は少なく、顔色も冴えない。あのバブルの最盛期とは無論、比較する気にもならないが、去年はここまでひどくはなかった。その去年にも、この街角に立って、同じことを思ったような記憶がある。つまり、日本はひたすら右肩下がりの道を転げ落ちているのである。

中小企業の親父としては、本来銀座などを徘徊している場合じゃないかもしれない。

しかし、時にはお得意様と会わなければならないことがある。

「どんなに貧乏していても、酒と飯の質は落とすな」という先人の言葉もある。

昔の仲間と会って、

「たまには、あそこの店、行ってみないか」

「そうだな。三、四年は行ってないもんなぁ。よし！　行こう」

と、気合いで走ってしまうこともないではない。

前にその店に行ったのは、確か橋本内閣総辞職の後だったから、正確にいえば、九八年の秋だった。

当時、失業率は三・五パーセントくらい、株価も二万四、五千円は保っていた。今は失業率が五パーセントを超え、株価は一万円を割ってしまった。

一体、どうなることやら。

信号のところで、手を振っている男たちがいる。

デッカチとオケッちゃんだ。

「遠くからよく分かったな」

「これだけ閑散としてりゃ、一里先のお前でも、見分けられるさ」

デッカチとは、大蔵映画専務取締役大蔵光邦の渾名だ。幼稚舎の同期生で、私が音頭をとって立ち上げた「東京三田倶楽部」発起人で初代理事（運営委員長）、「慶龍会」事務局長。「三田剣友会」副会長という肩書きで分かるように、龍太郎とは、竹刀を交えた仲だ。デッカチという渾名は何か。

幼稚舎の上級生から普通部にかけて、生徒の間で流行る、遊びがあった。

臨海、林間学校や、部の合宿で、突如「解剖！」という声が掛かると、哀れ、ターゲットにされた者は、周りの連中に押さえ付けられ、丸裸にされてしまう。

いじめと見る人もいたが、断じていじめではない。いずれ皆が持ち回りの関係、平等な被害者となるのである。

被害者というのがおかしければ「通過儀礼」の主役といおうか。

大蔵も当然、その主役となって、しかるべくしてこのような渾名がついた。後年、彼は脳溢血の発作を三度起こしたが、根っからタフなのだろう。車椅子ながらどこにでも出没する。

オケッちゃんの本名は橋本光蔵という。幼稚舎は大蔵と同じK組で、既述のように東京・大森にある橋本鋳造所社長として地元工業界の大ボスとして君臨しているが、超が付く柔和な人柄の御仁だ。

もし彼を怒らせた者がいるとすれば、その人物は「万死に値する」とまで、非難を浴びるだろう。

して、渾名の由来は、やはり解剖行為が原因だ。

ふと、考えてみれば、大蔵と橋本にはお互いの名前の中に共通する文字が蔵と光と二文字もある。太郎や一郎というありふれた名前ならよくあることだが、この二人の場合はなぜなのだろうという気がする。前世での契りか。加えて、渾名もいってみれば、人体の裏表関係である。因みに、私の渾名も同じような状況から生まれた。昔は可愛い少年だったのである。

この三人、この夜は「壹番館洋服店」のメージを訪ねることになっていたのだ。私たちは年に一回は、ここで洋服を誂えることにしている。もちろん安くはないが、なにしろ本場イギリス仕込みの職人の腕と生地だ。形はいいし、長持ちする。

職人とは誰か。社長であるメージである。今は大社長で、様々な公職を持ち銀座の表の大ボスだが、かつては職人修業をした身だ。

今さら寸法など取れないとは言わせない。幼稚舎から成績トップの彼に、私など頭が上がらないところが多い。そこで年に一度裁寸などをさせ、こき使ってやろうという魂胆だ。

このメージに、隠された渾名がある。

成績もスポーツも抜群の彼だから、クラスのリーダーである級監を命じられ、授業が始まる時には教師に対して「起立！　礼」の挨拶の音頭を取っていた。津田塾出身のおばさん先生の授業の時のことだ。「起立！」と言うべきところで、メージはいきなり、「バアオー」と声を掛けて、クラス全員を哄笑の渦に巻き込んだ。「ばあさん、おはよう」という意味と理解した者は百点満点の五十点。正しくはこれまた解剖に関係する。

大蔵の時も皆たじたじになったが、メージの時はみな逃げ腰となった。奴のジュニアは、アフリカ象が「バアオー！」と雄叫びを上げる時の鼻の状態にあったのである。

仲間の痛魂の死

メージを連れ出して、四人でグラスを傾けた。

仲間が集まれば、昔話から始まる。

「昔話をするようになっちゃ、歳だぜ」

私は、ポケットから一枚のコピーを取り出した。

「よく聞け。これは『YOUTH』と名付けられた詩で、太平洋戦争当時、マッカーサー将軍が自室に掲げ、日夜詠んでいたといわれる。その一節にこういう言葉がある。ノーボディ　グロウズ　オールド……」

「ちょっと待て、川チンの英語なんて聞きたくない。訳を読め、訳を」

「歳を重ねるだけで、人は老いない……。分かるか」

「分かる。……それでか。マッカーサーが、トルーマン大統領に最高司令官を解任された時、『オールド　ソルジャー　ネバー　ダイ　ネバー　ダイ。バット　フェード　アウェイ』と言ったのは」

言われてみれば、確かに、その前半の台詞には『YOUTH』と共通するものを感じる。

「老兵は死なず、だからな」

「俺たちは老兵か」

一九三七年の遅生まれと三八年の早生まれの同級生、終戦の前の年に小学校に入ったが、戦争体験があるのやら、ないのやら。戦中派とも、焼け跡派ともいえぬヘンテコな世代だ。

龍太郎は、自分たちの世代をこう表現したことがある。

「大東共栄圏の時代や戦争中を知らず、物心が付いたのは、敗戦後。戦争に首まで漬かっていた世代と、まったく知らない世代の間の安いサンドウィッチのハムみたいな存在で、ふたつの世代の繋ぎ役だ」

「しかし、昔はあのプレスハムというやつが、ご馳走だったなぁ」

「山じゃ、魚肉ソーセージだった」

「日本水産界の偉大な発明だ」

「フーン、俺はローマイヤのハムしか食わなかったけどなぁ」

「お坊ちゃんは違うね」

などと、ワイワイ騒ぎながらも、ふと、声が低くなる。

「〇〇の具合はどうだい」

「うん。そう長いことはないらしい」

時々、歯が抜けこぼれるように、旧友が、そして知人が亡くなっていく。最初の頃は気が滅入ったものだが、近頃は、事実は事実として従容《しょうよう》として受け止めるようにしている。

考えてみれば、私は若い頃から、人の死を見続けてきた。

たて続けの山の仲間の死。社会人になっての産経新聞社・水野成夫社長の専属秘書時代は、まず朝夕の黒枠欄に目を通すのが日課であった。秘書とは葬儀屋の異名かと思ったものだ。

社長と交流のあった財界人、政界人、文化人が次々と亡くなっていく。

そして、水野さんも、私の生涯の師の一人であった早川種三さんも亡くなっていった。

山の仲間の死は、覚悟の上であった。幾多の優れた山の先人たちの死を知りながら、なおも登るのである。己のみが生還できると思えたとすれば、それは、途方もない楽観主義者か考える能力のない者だ。

社会人の諸先輩の死は、順番として納得もできる。

その中で、痛切、痛魂の死があった。

慶應高校そして山岳部の一年後輩・金窪欧二君の死だ。慶應高校山岳部の丹沢遭難事件で、彼は加藤隊四人のうち、ただ一人生き残った。

大学山岳部が遭難した北アルプス中岳での遭難で四人が死亡し、四人が生き残ったが、その中に、私と金窪君がいた。

金窪君が、雪面から首だけ出している状態で、

「動けない！　助けて下さい！」

と叫ぶのを、

「待ってろ、お前は大丈夫だ。静かにしてろ！」

と、どやしつけながら、他のメンバーを掘り出した。あの時の引き攣った彼の顔が今も浮かぶ。

その後、生き方がどこかチャランポランに見えたのは、人生観が変わってしまったからなのだろうか。いや、人生観はとっくのとうに変わっていたのではないか。

丹沢遭難事故で、彼は三人の先輩と仲間が、静かに、しかし確実に死の世界に足を踏み入れていく姿を目の前で見ていたのだ。

しかも、私の同期生でリーダーの加藤尚君が貸してくれた乾いた衣服と、緊急用のシュラフの二枚重ねの中に入れてもらったのである。もし、あの衣服を、シュラフを、他の仲間が使用していたら、自分に代わって生き延びたかもしれない。

その後の彼の頭の中には、常に、仲間を殺したのは自分ではないかという罪の意識が去来していただろう。

彼が大学でも山を続けた、心の底には、

「俺も死んで、みんなの仲間に入りたい」

あるいは、

「死んで、仲間に詫びたい」

という気持ちがあったと、私は思っている。しかし、あの中岳で、突如襲ってきた雪崩に巻き込まれた時、そして生きている自分を確認した時、心の奥にあった願望とは正反対のことを考えていた自分に気がついただろう。

その後、彼が魂の抜けた人生、心が浮遊した日々を歩んだとしても、だれが責められようか。責める奴が、一人だけいた。この私である。頼むぞ。一緒に生きてくれ。お前も多くの仲間を失ったが、俺も失った。お前が生きていてくれなければ、俺が生きていく理由がなくなるではないか。

だが、しかし。

彼は素敵な奥さんと結婚し、二人の可愛い男児を生みながら、十八年勤めた会社を辞め、風に漂うように生き始めた。

そのうち、体の変調を訴えるようになり、入退院を繰り返した揚げ句、一九八二年一月にこの世を去った。四十三歳の死である。

子供たちは、まだ幼かった。未亡人が学習塾を開いて、細々と生計を立てていた。私は折々、肉やパンや菓子を持って金窪家を訪ね、仏前で手を合わせた。

長男一馬君の結婚式の乾杯の挨拶で、私はこんなことを言った。

「カズマ！　君のお母さんは立派だった。しかし、父親は、先輩の目からすれば、意気地がなかった。……君は父親の血脈を絶って、生きなさい」

不作法は承知の祝辞だった。長男が大きく頷いてくれた。

分身を育て上げる決心

この項を執筆している時、一馬君が勤めている傘のマークとCMソングで有名なレナウンが、不況に耐えることができず、二〇〇二年早々に解散するという記事が新聞に載っていた。

数えてみたら、金窪君が鬼籍入りして早二十年、一馬君は確か三十歳、転職には余りにも多すぎて難しい年齢だ。一馬君が大学を卒業する時、就職先の相談を受け、幼少の頃、スキンシップで可愛がってくれたお爺ちゃんが勤めていたレナウンを勧めた。一馬君が職種としてアパレル産業が希望だというので、お父さんを抜いて、お爺ちゃんのようになれ、という意味もあった。

金窪君は中岳で雪崩の中で、病院のベッド布団の中から痛みに堪えて私に助けを求めた。欧二の分身である一馬君は、この本が上梓される頃、必ず私の目の前に、黙って現われるだろう。

私は、私の会社に入れて、社会人として立派に育て上げる決心をした。

私はなぜ、生き長らえているのか

山で生きながら、社会では生き抜けなかったひ弱な男。だが、私とどこが違うというのか。違うとすれば、運、不運もあるが、もう一つは、二者択一を迫られた時の決断力ではなかったか。

塾の山岳部でパーティを組む時には、ルールと共に選択権も与えられる。ルールとは、まずその隊のリーダーを先に決めることだ。チーフ・リーダーなり、しかるべき責任者が「川田をA隊のリーダーにする」と命ずれば決定だ。

では隊員はどうやって決められるか。自らの意思である。「川田となんか、パーティは組めない」と判断した部員は、他の隊の隊員となるか、それも嫌であれば、その山行を中止する。また、天候や登攀ルートなどに問題があった時、隊員は異議を申し立てることができる。もし、異議が受け入れられなければ、自分自身が隊を抜けることもできるのだ。ただし、通常はそのようなことはない。隊員の意見を十分に考慮して判断を下すのが、リーダーとしての能力でもあるからだ。

涸沢で望月さんが遭難した時、私は他のパーティに所属していた。折から天候が悪化してきたため、私たちの隊は訓練を止め、キャンプに戻った。望月さんの属したパーティは、天候への配慮、また、キャンプへ戻るルートの選択に問題がなかったとはいえない。

丹沢遭難の時にも二つの隊に分かれたが、私は遭難した隊に入っていなかった。金窪君は、遭難した隊に所属した。

　表と裏から丹沢を縦走するという計画に問題があったわけではない。ただ、当日、直面した天候に対する判断が二つの隊で、違ったのは確かだ。

　私の隊は、当日、表丹沢の入り口まで行きながら、引き返した。天候がより悪化することはあっても、回復の見込みがないと私は主張し、隊の仲間たちも同意したからだ。

　裏丹沢でも、天候は似たようなものであったはずだ。丹沢山塊は狭い範囲であって、表と裏で天候が全く違うということはあり得ないからだ。

　遭難した隊の仲間の中から、その時、出発を取り止めようという意見は出なかったのか。しかし、あいにく隊を組んだ三人のうち、金窪君は、山を十分に知らない一年生であった。彼の口から「やめましょう」とは、言いづらかっただろう。それでも「僕には無理です」という言葉を言ってほしかった。私が金窪君の隊に所属していたら、恐らく、ただちに縦走を中止するように主張しただろう。

　大学での中岳の雪崩遭難事故は、当時の私たちの知識からは、想定できない事故であった。私も、金窪君も巻き込まれたが、辛うじて助かった。これは運としかいいようがない。

　しかし、思えば、金窪君は二度の、それも極限の死地に遭遇したことになる。このことで、彼が持っていた何かを（それは運の量といえるかもしれないが）使い果たしてしまったのかもしれない。

　ヒマルチュリの遠征の時である。私は、最終キャンプまで登頂隊員をサポートし、山頂を見た。暫く下りが続き、その先に頂きがあった。よほどのことがない限り、登頂は成功すると思った。私は「お届けしました」と登頂隊員に挨拶をし、胃痛に耐えながら、後ろも振り向かず、ベース・キャンプまで転げ降りた。そして近くのカルカ（ヤクの牧場）で、平らな石を積み上げて、石塔を造り、その中に亡き山仲間の写真と遺品を入れて、手を合わせた。その瞬間、「亡き友の代わりに」と意気込んできた、私の山の人生は終わった。

だが、もし、私が登頂隊員に選ばれていたらどうなっただろうか。

その後、私の人生は、山にこだわり続けていたのではなかったか。

山を知るものなら、小西政継という名を記憶しているだろう。私と同じ一九三八年生れ。国内の山はもちろんのこと、冬期マッターホルンの北壁、エベレスト南西壁、グランドジョラス北壁、ヒマラヤ・ジャヌー北壁などを登頂し、五十八歳まで現役を貫いた名登山家だ。長谷川恒男という名もご存じだろう。ヨーロッパ・アルプス三大北壁を登頂、南米の最高峰・アコンカグアの冬期単独初登頂に成功した。植村直己の名は、もっとポピュラーだ。世界の全ての大陸の最高峰と南北の極地探検に成功した人物だ。

彼らに共通するものは何か。みな山で亡くなっている。

恐らく私も、彼らと同じ道を歩んだに違いないのである。そうすれば、先に逝った山の仲間たちに再会できたかもしれない。そしてまた、その方が、時折発作のように起こる「自己嫌悪」の思いから逃れられたのではないかと思うこともある。

私も金窪君と同じく、仲間を殺してしまったのではないかという強迫観念に捕らわれてきたのだ。

だが、とにもかくにも私は生きている。

死んだ仲間のエネルギーを貫い、引き継いでいるなどという綺麗事は言えない。生きている以上、彼らの思いを背負って生きていかねば顔が立たぬ、気が済まぬ。

どうやら、その負の思いが、私を走らせてきたのかもしれない。

走る道々、私は幾つかの問題にぶつかってきた。問題の解決法は、突き詰めていけば二者択一しかない。ビジネスなら「やるかやらないか」、人間関係なら「付き合う」か「付き合わない」かだ。生臭い話をすれば、「改革断行」はよい。しかし「二兎を追う」ことになれば、改革は失敗する。

私は、山岳部時代の「決断」を頭に置きながら、選択をしてきた。幸い、その選択にミスは少なかった。だから今、自分はいる。だが生きていけばそれだけ、私の中の負の思いが日増しに増えていく。

青春のひとつの形。それは、無限の未来があると、信じることである。裏を返せば、負からのスタートである。水底から水面を見上げ、その上にある太陽の輝きを求める青春がある。だとすれば、私は今、青春を逆行しているのかもしれない。

「歳を重ねるだけでは人は老いない」

そう。歳を重ねるだけ、人は若返っていくのだ。

川田善朗君の新たな人生の旅立ちを祝う

鳥居泰彦（慶應義塾前塾長）

畏友、「川チン」こと川田善朗君が、突然、自分の人生を振り返る本を上梓すると言い出した。何故だ。遺書にしては早すぎはしないか。私の心配に対して、筆書きのファクシミリで答えが返ってきた。本のタイトルは『歳を重ねるだけでは人は老いない』。

そうか、川チン、安心したよと安心しているところへ、追加のファクス。見れば、本書の最後のページ、「生きるための遺書」と題する文章。その最後に、「新たな人生の旅立ち」という言葉が跳っていた。おめでとう。

そこで話が済めばよかったのだが、大量の原稿が橋龍の所にも私の所にも届いた。全部読んでくれ。意見があったら言ってくれ。龍太郎は前書きを、鳥居は後書きを書いてくれ、伏して願い上げるという。その上、「おい、三人とも新たな人生の旅立ちをしようよ」という殺し文句がついていた。やむなく橋龍はバンコクへの公務の旅のカバンに、私は総合科学技術会議や中教審の書類の山の間に、この原稿を入れることになった。

自分の人生の過ぎ来し方を振り返る時、「俺は確かに生きた」と自分自身に誇ることができる男は幸せ者と言うべきだろう。その生きた証しなるものが、命懸けの闘いであれば、他人の毀誉褒貶がどうあろうとも、貴い人生である。

川田善朗君の場合、山と慶應義塾と龍太郎に人生の全てを懸けて来た。勿論トーホー加工の経営もやりながら。橋本龍太郎君は剣道と山と慶應義塾を愛しつつ、国政、とりわけ財政、行政、外交、構造改革、教育等々の六大改革に命を懸けて来た。二人は、「命懸けで闘い抜き、生き抜いた」という確かな証しを既につかんだ男たちだ。その上で、新たな人生の旅立ちをしようよ、と私に呼びかけてくれている。

私たちが酒をくみかわす時はいつも、龍太郎と私が冷や酒をグイグイと飲みほす。あのうるさい川チンが、何故か静かになってニコニコしている。本書に登場するメージこと渡辺明治君等が加わっても、同様である。

何故だ。川チンは、橋龍が日本と世界を語るのが大好きなのだ。それから、私が慶應義塾の夢や歴史を語るのが好きなのだ。

但し、川チンのことだから、それで終わるはずがない。後刻、帰宅してから、鋭い意見や感想が、見事なる筆書きの、簡潔にして要点を突いた文章で、ファクスで送られて来る。

川田善朗という男には、不思議な深さがある。それは、思慮深さや読みの深さといった言葉では表わしきれない天性のものだと思う。それに加えて、山で失った友への生涯を通じての想いが彼の深さを作っている。

一昨年、辻井喬つまり堤清二さんが、日本経済新聞に、水野成夫の『風の生涯』を連載された。まだ連載が始まったばかりの頃、堤さんがある大学の図書館の資料が役に立っているという話をしてくれた。私は、水野成夫の専属秘書であった川田善朗のことを話そうかと思ったが、止めた。川チンにとっての水野成夫は川チンの心の中に、堤さんにとっての水野成夫は作家辻井喬の想念の中に生きている方がいいと思ったからである。

万年ヤンチャ坊主、万年キレ者、万年青年の川チン、川田善朗君。これからも、いや、これからこそ、龍太郎や明治や、君が愛してやまない仲間たちと、文字通り、「歳はとっても老いることはない」、「新たな人生の旅立ち」を歩き始め、歩き続けてほしい。

宮下啓三氏（慶應義塾大学文学部教授・体育会山岳部部長）画

◎著者について

川田善朗 Kawada Yoshiro

1938年東京生まれ。幼稚舎より大学まで慶應義塾育ち。在学中は体育会山岳部で活躍、また、大学では橋本龍太郎元総理を級友として知る。1960年法学部政治学科卒。同年、國策パルプ工業（現・日本ユニパックホールディング）入社。1962年、産業経済新聞社へ出向、故水野成夫社長の専任秘書となり、多くの政財界人の知遇を得る。1964年、父喜十氏の事業を継承して東邦紙業株式会社（現・サンミック千代田）常務取締役に就任。1973年、トーホー加工株式会社代表取締役社長。2000年、同社代表取締役会長兼社長、現在に至る。その間、全国中小企業団体中央会会長表彰、東京都功労者等の顕彰をうけ、2001年秋には黄綬褒章受章。社業のかたわら、慶應義塾評議員、同維持会常任委員兼関東副支部長、同体育会山岳部OB会登高会幹事、全国グラビア協同組合連合会会長、関東グラビア協同組合理事長、社団法人日本印刷産業連合会常任理事をはじめ、衆議院議員橋本龍太郎氏の後援組織「慶龍会」会長を長年にわたって務める。編著書に『橋本龍太郎とわたし』（成甲書房刊、2000年4月）がある。家庭では秀子夫人との間に二男。

歳《とし》を重《かさ》ねるだけでは人《ひと》は老《お》いない

◎著者
川田善朗《かわだよしろう》

◎発行
初版第1刷　2001年11月30日
初版第2刷　2001年12月20日

◎発行者
田中亮介

◎発行所
株式会社 成甲書房

郵便番号101-0064
東京都千代田区猿楽町2-2-5
振替00160-9-85784
電話 03(3295)1687
E-MAIL　mail@seikoshobo.co.jp
URL　http://www.seikoshobo.co.jp

◎印刷・製本
株式会社シナノ

Printed in Japan, 2001
ISBN4-88086-125-1